目录

U0729216

上册

TONGXIANG TONGXING

KECHENG SIZHENG SHIJIAN YU TANSUO

同向同行

课程思政实践与探索

下册

李晓莉　孙长亮　郭玥　等◎著

国家行政学院出版社

NATIONAL ACADEMY OF GOVERNANCE PRESS

·北 京·

下册

巧妙寻找切入点，激活语文思政路径

——以《说"木叶"》为例

李晓莉

一、引言

　　课程思政概念的提出至今已将近十年，随着国家对教育、人才的重视与日俱增，课程思政也成为高等院校、中小学校、职业学校全方位培养高素质人才必须落实的教育理念与教育方式，可以说已成为新时代中国特色社会主义教育的理论与实践创新，关乎人才培养的质量与方向。因而作为思政教育的实施者，教师必须自觉加强对课程思政的认知，从自己的专业领域多角度挖掘课程思政元素，强化培训，正确理解专业教学与思政育人的关系，提升自身思政育人的能力。

　　聚焦语文课，因为中国自古就有文以载道的传统，所以在语文课上进行思政教育并不是一个新的、难的话题和任务，教学中语文老师信手拈来似乎就可以进行思政教育，但是也正因为语文课天然的思政属性，作为语文教师才不可盲目地随意地实施课程思政，要知道硬性融入或过度融入思政课反而会削弱语文课原本的专业性、知识性价值，同时简单的道德教化也很难真正走入学生内心，这是对课程思政的窄化，这样的语文课也就真的变了脸，走了味。

将思政教育自然融入语文课，在笔者看来，最重要的一点便是找准切入点。无论是教材学习还是综合实践，缺的不是思政元素而是巧妙贴切的融合点，当老师用心于此，语文课的思政路径便可得到激活，思政与语文便如糖与水，看不出分界，却又分明多了那丝可尝出的甜。

二、找准切入点，驱动语文知识教学与育人功能的协同作用

语文学科的工具性与人文性特点都非常突出，这两方面都曾经成为语文课堂的主角，然而也产生了不可避免的弊病。过分注重工具性，语文课便被拆解为一个个知识点的学习与训练，平淡无味，毫无诗意可言；过分注重人文性，语文课便成了说教的舞台，运用语言表情达意、进行思维交际便无从谈起，学生学了一个"假语文"。因

而工具性与人文性在语文课堂上理应就是一个整体，即便是在强调课程思政的今天，语文的人文性也是在工具性的基础上来发挥作用的，这才是语文课程思政的应有之貌。

正是在这样的认识前提下，如何将工具性与人文性统一起来，找准切入点，将课程思政自然融入语言文字的阅读与使用之中，就是每个老师要用心思考的问题了。从常态教学来说，语文的学习是以教材为依托，以一篇篇具体的篇目为载体而展开的，老师首先要对整本书的教学内容有一个宏观的把握和理解，再具体到每个单元、每篇文章，最后依据课标、专业人才培养方案等整理出整本书的教学内容与相对应的思政要点，帮助自己更准确地把握教学单元、教学篇目之间的联系与区别。文本内容是教材确定的，而思政要点就是一个动态调整的过程，两者自然融合，明暗交织，协同推进，对于学生的教育教学就会达到一个相对理想的效果（见表1）。而在具体的学习中，文本内容首先要成为语文知识落实的底层支撑，这是必须把握的，而思政点的设计则是隐藏在文本内容之下，通过感悟、熏陶、包括有意识地训练来达成育人的目的。从这个角度上说，找到一个好的切入点，对于促进语文的知识教学与育人功能具有非常重要的作用。

表1 统编版高中语文教科书必修上册篇目内容与

思政元素对应表

教学单元 人文主题	授课篇目	文本内容	思政融入点
第一单元 青春之 吟唱	《沁园春·长沙》	同学少年意气发	志存高远胸襟阔
	《立在地球边上放号》 《红烛》	重任在肩我辈扛	伫立潮头狂飙进 莫问收获问耕耘
	《峨日朵雪峰之侧》	贴身绝壁颂生命	伟大与渺小都是生命 的馈赠
	《致云雀》	丰沛四溢歌声美	自由灵魂诚可贵
	《百合花》	一床新被军民情	献身于国青春热
	《哦,香雪》	深山之中有热望	读书求知正风华
第二单元 劳动之美	《芣苢》《插秧歌》	民生在勤劳不辍	热爱劳动传统美
	《喜看稻菽千重浪》	风流人物是袁翁	执着科学寄苍生
	《心有一团火 温暖众人 心》《探界者钟扬》	平凡劳者最动人	爱岗敬业甘奉献 心怀祖国有担当
	《以工匠精神雕琢时代 品质》	追求大国工匠神	敬精专新时代音
第三单元 生命的 诗意	《短歌行》 《归园田居》	江湖魏阙皆在我	捍卫时代的生命追求
	《梦游天姥吟留别》	梦游仙山人感怀	大丈夫当立天地间
	《登高》	深秋登高数声叹	沉郁博大家国情
	《琵琶行》	同是天涯沦落人	无奈命运下的感伤 与尊严
	《念奴娇·赤壁怀古》 《永遇乐·京口北固亭 怀古》 《声声慢》	怀古照今声声咽	豁达超旷人生醒 慷慨执着故国心 乱世无情人有情

教学单元人文主题	授课篇目	文本内容	思政融入点
第四、第五单元 乡土文化	"记录家乡人与物"	家乡人物风物记	热爱家乡唤深情
	"家乡文化生活调查"	实践调查成报告	探索研究促深思
	《乡土中国》整本书阅读	素描中国乡土貌	文化自觉学术义
第六单元 思想的火花	《读书：目的和前提》	拒绝盲目勤思索	腹有诗书气自华
	《上图书馆》	最美风景图书馆	点亮心中读书灯
	《反对党八股（节选）》	真字为先莫懒惰	真理在心常反省
	《拿来主义》	外来文化亦可用	放开眼光有判断
	《劝学》	青出于蓝胜于蓝	少年当知勤学早
	《师说》	从师而学真风范	高标师道气浩然
第七单元 风物之爱	《故都的秋》	清静悲凉独秋味	眷恋故国文人心
	《荷塘月色》	月色荷塘有深情	美在身边善发现
	《我与地坛》	古园母亲之救赎	跨越苦难终涅槃
	《赤壁赋》	主课问答抒怀抱	放下自我方永恒
	《登泰山记》	雪后初晴泰山美	祖国山河有大爱

以上只是某一册教材思政融入点的一种角度思考，每一篇课文在实际教学中其实不止一个思政点，不过就如教学内容有主次一般，思政教育也有主线次线之分，不必求全，主线突出，不同篇目之间相互形成有效补充，不断积厚，不断生成，思政教育潜移默化的作用就会显现。从本册教材安排来看，单元人文教育主题都比较突出，给了老

师们很好的提示作用，在具体授课中，老师可以在这个基础上自己找到一条符合自己教学安排的单元逻辑主线，将知识教学与思政教育更有层次地进行结合推进（见表2）。

表2　统编版高中语文教科书必修上册第一单元知识与
思政逻辑线设计

"青春之吟唱"单元教学设计						
具体篇目	《沁园春·长沙》	《立在地球边上放号》《红烛》	《峨日朵雪峰之侧》	《致云雀》	《百合花》	《哦，香雪》
思政主线	志存高远 胸襟阔	伫立潮头狂飙进 莫问收获问耕耘	伟大与渺小都是生命的馈赠	自由灵魂诚可贵	献身于国 青春热	读书求知正风华
逻辑主线	感先驱担当情怀 ➡ 悟自我发现精神 ➡ 筑时代青春品格					
学科素养指向	感语言 ⟹ 激想象 ⟹ 赏作品 ⟹ 提思维 ⟹ 悟情感 ⟹ 传文化					

语言的建构与运用，思维的发展与提升，审美的鉴赏与创造，文化的传承与理解，这是语文学科核心素养的四大方面，是通过语文学习要达到的终极目标，从中可见知识与思政从来都是我中有你、你中有我的，而好的切入点就是能将二者统摄起来共同发挥作用，促进学生能与德的不断提升与涵养。

三、从《说"木叶"》看思政点的设计与融入

《说"木叶"》是统编版高中语文教科书必修下册第三单元的第三篇课文，作为诗人、学者的林庚先生的这篇《说"木叶"》，从体例上来说可以说是一篇文学论文，文章从中国古典诗歌常用"木叶"而非"树叶"这一现象入手，通过分析大量诗歌素材，对这一现象背后的原因进行了探讨。对于这样的一篇文艺性研究的文章，如何找到恰当的切入点，实现阅读方法的指导和价值精神的培养呢？

（一）传统教学目标例举

其实《说"木叶"》也可以说是一篇经典文章了，在几轮的教材变革中，它始终都稳如泰山，于高中课本中占据一席之地。那么曾经的老师都是如何确定这篇文章的教学目标的呢？我们来看几组例子。

例1：

（1）理解中国古代诗歌中"木叶"意象的意蕴；

（2）了解诗歌语言具有"暗示性"的特质；

（3）在诗歌鉴赏中，引导学生做一个敏感而有修养的鉴赏者。

例2：

（1）品味文中诗句，理解古代诗歌中"木叶"这一意象的意蕴，把握其艺术特征；

（2）了解文章基本结构，提升梳理论述类文本层次的能力；

（3）了解中国古代诗歌语言富有暗示性的特点，赏析诗歌语言的魅力。

例3：

（1）比较"树"与"木"，"树叶"与"木叶"、"落木"在诗歌中的不同意思；

（2）能够根据关键性的字、词、句去厘清文章的大体思路，化繁为简；

（3）在诗歌鉴赏中，提升"审美鉴赏与创造"的语文核心素养。

例子还可以举出很多，以例子来说明问题当然是不够严谨全面的，但是我们还是可以从中有一些发现：①教学目标更侧重在知识层面上。从文章内容的理解，即这篇文章到底讲了什么，到文章思路的梳理，即这篇文章的结构如何，再到应用文章研究成果，即提升鉴赏诗歌的能力。②思政目标设定缺失或不当。"做一个敏感而有修养的鉴赏者"这显然是要引导学生学习林庚先生的治学和为人，而

"在诗歌鉴赏中，提升审美鉴赏与创造能力"，这是因为本文是在研究古典诗词的某一问题，所以自然而然就像一般学习古诗词那样把更高的目标定位在了"审美"鉴赏上面。前者和知识点学习关系较远，如此安排显得生硬而跳脱；后者似乎更密切，但是其实也并没有用心思考，将一篇理论研究文章等同于一般性地诗歌学习，未免还是不当。

这篇文章理解起来确实是有难度的，因此设定教学目标时不自觉地将各层级的知识学习作为重难点是无可厚非的，在很多老师看来，能带领学生学明白知识就已经很不容易了，哪里还顾得上进行思政教育。这是将知识与思政割裂的想法，同时也是对思政理解不够全面的表现。在课程思政已然成为全面培养高素质人才的重要手段的前提下，我们还是需要重新审视文章，找到更好的思政切入点，激活整篇文章的学习。

（二）重新寻找切入点，探索思政新路径

一篇文章的教学目标不是随意确定出来的，它要考虑的要素非常多，解决的是要把学生带往何处这样的方向性问题，恰当的教学目标有助于进一步的教学设计和教学实施的开展，其重要性不言而喻。

1.把握课程标准，详研单元提示

课程标准最大的作用便是它无可替代的指导性，只有保持对课程标准高度的自觉与熟悉，教师确立的教学目标，实施的教学过程才有可能是正确的、有效的。《普通高中语文课程标准》（2020年修订版）中明确指出：语文课程应引导学生在真实的语言运用情境中……加深对祖国语言文字的理解与热爱，培养运用祖国语言文字的能力；同时，发展思辨能力，提升思维品质……同时在其学习任务群12"科学与文化论著研习"中进一步指出：研习自然科学和社会科学论文、著作，旨在引导学生体会和把握科学与文化论著表达的特点，提高阅读、理解科学与文化论著的能力，开阔视野，培养求真求实的科学态度和勇于探索创新的精神。这两段话其实将学习文化论文的知识要点和思政要点都表达了出来，对我们思考《说"木叶"》的教学目标具有重要的指导意义。

以单元为专题单位是语文教材的一大特点，因此通过阅读单元提示，明确关键词句，教学目标的设定就会更有把握。统编版教材的第三单元的单元导语提道：本单元主要学习知识性读物的阅读方法，发展科学思维、培养科学精神。这与课程标准形成了良好的呼应，有了这样大方向的把握，《说"木叶"》的教学切入点似乎也就呼之欲出了。

2.吃透文本内容，理解写作意图

《说"木叶"》这篇文章作者用了大量实例深入浅出地为读者一步步揭示了古诗中"木叶"这一意象被钟爱、被广泛使用的原因，进而分析了"木"的两个艺术特征。如此看来"原因"与"艺术特征"就是学习这篇文章首先要学到的东西。而作者写下这篇文章并不只是向读者揭示几个概念，还要让读者意识到中国古典诗词语言的特质，感受语言的微妙所在。所以这便是我们第二个要完成的教学任务。

除此两点，作为"学者"，我们的眼光显然应该更为开阔。为了让读者体会到中华语言的丰富而又独特的意蕴，作者展现了严密的逻辑说理能力，层层展开，有理有据，这就为学生们进行某种类型的论文写作提供了很好的范式，这显然也应是老师教学时应该关照的。

思考到这里，感受语言、理解语言、运用语言，把握论文特点、总结阅读方法这些教学目标中知识层面的要点基本已经可以确定，但是思政内容却还并没有提炼出来，需要依据这些已定目标做进一步的思考，使之成为带动起整篇课文学习的关键隐线。

3.重构教学目标，激活思政路径

虽然林庚先生是诗人学者，并非某一领域的科学家，虽然《说"木叶"》是一篇探究语言运用背后成因的文学论文，并非一篇自然科学之作，但是通过前面的分析我们也明显可以感觉到本文所表现出来的鲜明的理性思考的特点。作者举例对比，归纳概况，得出结论的论证方法；由现象到本质，有感性到理性的思维模式；切中关键、引发思考、深入分析的思辨能力，都展示出一位胸有丘壑、目光敏锐的研究者卓越的探索精神和严密的科学思维，这不正是科学精神的最好体现吗？况且，依照林庚先生的论证思路，同学们也可以再搜集一些含有"木叶""树叶"的诗句，来验证林先生的观点是否一定正确，如此通过实践对已有结论进行质疑，批判的科学思维也就自然得到一定的培养。

如此说来，将发展必要科学思维，培养求真科学精神作为本文的思政要点，由此切入文章，所有前期的知识性学习都将被串起来，一步步感受、一层层推进，不必刻意，但是最终却都能指向这个思政要点，知识学习与思政教育水乳交融，这不就是最好、最自然的思政融入吗？

当然我们也可以把思政目标定位在热爱祖国语言文字上，因为跟着作者如此细致地品味过这些语言的味道之后，对祖国语言的热爱就更加自然深入，虽然教材内能够激发对祖国语言热爱的文章可以说数不胜数，但是能够进行科学思维培养的并非信手拈来，我们可以有两条思政线，但是不应看不到前者的存在。

综上所述，《说"木叶"》教学目标可以设计为：

（1）梳理文章内容，提炼核心概念，结合作者所给诗句理解诗歌语言暗示性特点；

（2）理清文章思路，学习围绕核心概念逐层深入、阐释事理的方法，感受文章理性之美；

（3）学习用辩证的态度阅读文学论文，搜集整理相关诗句，结合常见意象进行鉴赏；

（4）探求顺向求同、求异质疑的科学思维方法，培养务实探究的科学精神。

四、结语

语文教学目标的设定是语文教学实施得以顺利展开的基础保障，它不但决定着教学内容的安排是否恰当，教学的设计是否合理，语文的学科素养能否得到贯彻执行，也决定着课程思政的水平与质量。在探索语文课程思政合理路径的过程中，将知识教学与思政教育统一起来考量，找到打通二者的合适的教学切入点，确立起相对更合适的教学目标，对于培养学生全面的语文素养，渗透价值观教育意义重大，值得每一位老师用心探索。

把课程思政与数学教学相结合深入推进课程思政教育

——以"三角函数"授课为例

孙长亮

一、引言

党的二十大报告中提出要实施科教兴国战略，强化现代化建设人才支撑，强调"教育是国之大计、党之大计。培养什么人、怎样培养人、为谁培养人是教育的根本问题。育人的根本在于立德。全面贯彻党的教育方针，落实立德树人根本任务，培养德智体美劳全面发展的社会主义建设者和接班人"。

深入开展课程思政教育，是贯彻执行立德树人根本任务的重要方式，是培养德智体美劳全面发展的社会主义建设者和接班人的重要途径。学校和教师要全面推进课程思政教育的深入开展，培养学生树立正确的人生观、价值观，保障青少年在正确的道路上成长、成才。

　　数学作为一门重要的自然学科，在学生的成长、成才中起着重要的作用，对学生影响甚大，因此在数学教学中融合思政内容，推进课程思政教育显得极为重要。

　　数学教学的目的是使学生获得适应社会生活和进一步发展所必需的数学的基础知识、基本技能、基本思想、基本活动经验，在这个过程中，作为数学教师既要培养学生的数学运算能力、逻辑思维能力、空间想象能力，逐步提高分析和解决实际问题的能力，培养学生基本的数学思想和数学方法，更要深入通过唯物论、辩证法等结合思政教育去培养学生的人生观和价值观，培养出德才兼备的社会主义建设者和接班人。

二、数学教学与课程思政结合的痛点、难点

　　作为一名中职学校的一线数学教师，在多年的教学过程中，经历了从"教学"到"教育"的转变过程，对课程思政教育经历了从迷茫到模糊再到清晰认识的历程，这个过程的转变是曲折的，很不容易，其中思想意识的转变极为重要。笔者把中职学校数学教学与思政结合的一些难点、痛点进行归纳，并结合自己的经验谈谈解决的途径和方法。

（一）学生方面

1.中职学校学生基础参差不齐，文化课学习的积极性不高。

2.中职学校文化课教学时间少，如何兼顾教学与思政？

3.部分学生存在错误认知，对思政教育有抵触心理。

（二）教师方面

1.教育理念陈旧落后、依然存在着"重知识轻育人"的教育理念。

2.教师能力不足，找不到合适的思政切入点和思政案例。

3.课程思政方法简单粗暴、牵强，思政效果较差。

4.缺乏学习精神，缺乏通过学习提高教学和思政能力的意识。

其实这些痛点和难点问题的存在，都反映了教师对课程思政认知和自身能力水平不足的问题。首先，教师要明确课堂思政的重要性，在观念上重视起来，从内心认同实现从"教学"到"教育"的观念转变。其次，教师要深入学习，通过阅读课堂思政的相关案例，提高自己的教育教学能力，不断尝试探索，逐步提升课堂思政的能力和水平。

三、以"三角函数"为例讨论数学教学中开展课程思政的途径和方法

数学作为一门自然科学，主要内容是抽象的数学知识，所以很多教师觉得数学与思政结合困难，找不到切入点。但其实数学是来源于生活的，我们把数学从单纯的抽象知识回归到生活本源，就会发现数学与思政其实密切相关。而且把数学知识和日常生活、历史事件结合起来，会让数学活起来，能让学生更深刻地感受到数学的力量，在调动学生学习兴趣的同时也能更好地进行思政教育。作为新时代的数学教师要勇于探索尝试，不断提高思想认知、教育教学能力，把思政教育落实到日常教学中去，培养出合格的社会主义建设者和接班人。

下面笔者以"三角函数"授课为例，谈一下如何与数学相结合推进思政教育。

三角函数是基本初等函数，它是描述周期现象的重要数学模型，在数学领域和其他领域都有重要作用。三角函数图像及性质、三角函数基本公式及变换、解三角形等也是高考中经常出现的考点。

三角函数教学通过三角函数解析式、三角函数图像和

性质、三角函数公式等的讲解过程能够帮助学生感悟强化数形结合的思想，培养学生直观想象、逻辑推理等核心数学素养。其实这些都可以是思政教育的一部分。

除此之外，三角函数还可以从更多方面切入思政教育。

（一）三角函数的周期性

笔者认为三角函数周期性是思政教育最容易进行的切入点之一。通过三角函数周期性，可以映射到社会、经济相关领域中的周期性现象，帮助学生认识周期性事物的发展变化规律，培养学生透过现象看本质的认识和能力，正确认识事物发展变化的规律，科学严谨的思维逻辑、探究精神，从而增强学生辩证分析事物的能力，帮助学生建立正确的人生观、价值观。

（二）初高中三角函数定义的变化

通过复习初中三角函数定义，引入高中对三角函数的新的定义，引导学生正确认识三角函数的本质。这个知识点可以映射到不同层次的认知对事物的认识是不同的，鼓励同学们一定要通过不断学习提高自己的知识水平，完善知识结构，提升知识层次，才能更准确、更深层次地认知事物的本质，才能更好地认识世界，鼓励学生积极思考、热爱科学、热爱学习，增强学生思维认知的广度和深度，培养学生的创新能力，树牢辩证唯物主义价值观。

（三）数形结合

通过函数解析式与图像知识的讲解，帮助学生深入了解掌握数形结合的数学思想，同时可以映射到同一个事物的不同认知、不同表达，培养学生辩证看待事物的认识和能力，独立思考、辩证分析论证的思维意识，促进学生人生观、价值观的成长与完善。

（四）推导诱导公式

通过推导诱导公式的过程，帮助学生深刻了解认识化归思想，把未知问题化为已知问题，把复杂问题化为简单问题。使学生认识到"转化"也是解决问题的一个重要方法和途径。帮助学生用数学思维、化归思想正确认识世界，解决生活和学习中的各种问题，培养学生正确地分析问题、解决问题的能力。

以上几点只是笔者在三角函数教学中探索总结出来的一些数学教学与课程思政相融合，推进课程思政教育的点，相信随着我们不断进行思考和探索，随着我们的教育教学综合能力的不断提高，我们能够找到更多的、更融洽的点，探索出更自然更有效的教育模式，深入推进课程思政工作的开展。

四、结语

　　课程思政是落实立德树人根本任务的重要途径，作为一名数学教师，必须清醒地认识到课程思政的重要意义，不断提升认知和教育教学能力，把课程思政与数学教育密切结合起来。通过课程思政的引入，让学生了解并深刻认识到数学来源于生活，服务于生活，引导学生从生活中发现问题，总结问题，提炼出数学模型，再运用数学模型去解决生活中的实际问题。把数学教学与课程思政有效结合，在落实立德树人根本任务，培养学生正确人生观、价值观的同时，增强了数学教学的趣味性，提高了学生的学习兴趣与学习效率，把数学与生活密切结合起来，帮助学生养成探究的欲望，学会探究的方式和手段，提升数学学习动力和学习效果，最终形成数学教学与课程思政的双向融合、双向提升、双向促进，在教授学生数学知识的同时，落实德育教育，把学生培养成德智体美劳全面发展的社会主义建设者和接班人。

思政教育融入中职数学教学的案例研究与设计
——以新人教版数学"三角函数"单元为例

郭 玥

一、引言

教育的首要任务是立德树人。加强思想教育，培育和践行社会主义核心价值观，培养德智体美劳全面发展的新时代青年，是实现伟大中国梦的关键。中职教育在培养学生知识能力以及专业技能等方面取得了突出的成绩。新的时期，中职学生的成长环境发生了很大的变化，而中职学生又处在世界观、人生观、价值观形成的关键时期，中职学生的思想教育工作面临着新的挑战，需要中职教育工作者从多个视角进行系统研究。

中职数学课程是中职学生必修的公共基础课程，是提高学生综合素质的核心课程，是学生解决专业问题的重要工具，其最大的特点是文化属性和工具属性，其立足点是侧重文化的育人功能。作为基础内容，要求所有中职学生必须学习并在学习过程中提升数学核心素养，达到学业水平的要求。强调数学学科的基本结构，以函数、几何与代数、概率与统计为主线，有助于学生记忆知识、理解与把握整个数学学科，有助于学生知识的迁移和运用，有助于学生进行探究性学习，进而达到培养学生创造性思维的目的。

二、思政教育融入中职数学教学的案例研究

（一）中职数学课程思政设计依据

学校始终坚持"德育为先、育人为本"的理念，形成"三全育人"的育人格局，将思政教育落实到每一节课的教学当中，为数学课实施课程思政营造了良好的育人环境。

数学是学生必修的基础课，学生形成理性思维和科学精神的主要途径，承载着落实立德树人根本任务、发展素质教育的功能。对标新时代党和国家对技术技能人才培养的新精神，依据《中等职业学校数学课程标准》，中职数学课程思政要坚持"以学生为主体，教师为主导"的教学理念，围绕"德智体美劳全面发展的高素质人才"的教学目标，从而形成"内容育人、文化育人、活动育人、评价育

人"四位一体育人体系，构建"数学课与思政课同向同行、协同育人"机制。

（二）中职数学课程思政实施策略——以三角函数单元为例

1.课程思政教学安排

以新人教版高中数学必修第三册三角函数单元为例，本单元内容就很有利于课程思政（见表1）。首先，实施课程思政的首要条件是思政资源丰富。"三角函数"单元中蕴含的课程思政元素较为可观，包括了家国情怀、唯物辩证观、社会准则、科学态度等方面。其次，实施课程思政的方式多样，因此一般都采用小组讨论、操作探究、互动展示等合作学习的学习方式。最后，制定多元评价手段，及时反馈学生学习情况，调动学生学习积极性。

表1 "三角函数"课堂思政教学内容

切入点	对应课堂思政内容	课堂实施环节	实施方式
7.1.1角的推广	民族自豪感	新课引入	自主思考
7.1.2弧度制	科学探索精神	新课引入	自主思考
7.2.1三角函数定义	人生观	课堂小结	小组讨论
7.2.2单位圆与三角函数线	民族自豪感	新课引入	教师讲授
7.2.3同角三角函数关系	辩证唯物主义观	课堂实例	小组讨论

续表

切入点	对应课堂思政内容	课堂实施环节	实施方式
7.2.4 诱导公式	辩证唯物主义观	课堂实例	教师讲授
7.3.1 正弦函数的图像与性质	文化自信　人生观	新课引入 课堂小结	教师讲授 小组讨论

2.三角函数单元教学设计框架

（1）设计理念

本单元课程设计以学生为中心，注重培养直观想象和逻辑推理核心素养，提升学生用数学的眼光观察世界，发现问题，并用数学的方法解决实际问题的技能，融入课程思政，发挥数学课程价值引领的育人功能。

（2）设计思路

通过情境导入融入思政元素，进而引出新知，构建本课时的研究路径，形成整体观念。

例如，"7.1.1 角的推广"这一节内容，通过体操史上第一个以中国女选手名字命名的跳马动作"程菲跳"，创设情境，增强民族自豪感，体会成功背后的付出，引导学生认识到程菲的成功依赖于她扎实的功底和刻苦的训练，渗透励志教育，激发学生的爱国情怀。再例如，"7.3.1 正弦函数的图像与性质"这一节内容，通过阅读三角函数发展史，让学生了解我国古代数学成就，对世界数学发展做出的贡献，增强文化自信，激发民族自豪感。感悟正余弦函数的图像体现的人生道理，漫长的人生道路上，有高峰，有低谷，教给学生怎样对待人生的高峰和低谷，形成正确的人生观。

本章节选内容共为三部分：

第一部分是任意角的概念与弧度制，呈现了角的推广与弧度制及其与角度制的换算等内容。首先是在小学和初中所学过角的基础上，鼓励学生通过实例，用旋转这一运动变化的观点去理解角的概念推广的实际意义；根据旋转方向的不同和旋转运动的持续性，自然将角的大小由0°到360°的范围推广到任意大小的范围，也赋予了角的加减法的几何意义，进而引出了象限角和终边相同的角；接着引入了度量角的弧度制以及角度制与弧度制的换算，弧度制不仅作为度量角的另一种制度，更主要的是弧度数是十进制的实数，当角用弧度进行度量时，每一个角与实数一一对应的关系更为明显，为引入任意角三角函数和研究它们的性质做了准备；在弧度制下还得到了扇形长、圆心角、半径和面积的关系，简化了扇形面积公式。弧度制的引入，利用折叠扇设置了"情境与问题"，在引导学生观察和思考的前提下展开了有关的内容，这一内容的设置很好地帮助了学生对这一节内容的理解。弧度制与角度制换算的内容中，教材强调了常用特殊角的换算，并用 Excel 和 GeoGebra

两种软件说明了如何进行换算。

　　教材充分发挥单位圆和向量的作用，将任意角的三角函数定义图形化，帮助学生理解三角函数的周期性，渗透直观想象的核心素养，关注单位圆与角终边交点的坐标，通过三角函数线比较三角函数值的大小，利用旋转、对称和三角函数线推导出诱导公式，展示了三角函数线作为学习三角函数这部分知识的工具性特点，并为后续学习做好铺垫。

　　第二部分是任意角的三角函数，呈现了三角函数定义、单位圆与三角函数线、同角三角函数的基本关系式和诱导公式等内容。在初中直角三角形中的锐角三角函数定义基础上，将锐角作为第一象限角的特例，在终边上取异于原点的任意一点，构造直角三角形，将该点的坐标与原来的锐角三角函数定义对应，在学生已有知识储备之上自然推广，得到任意角的三角函数定义。教材正文中只定义了正弦、余弦、正切这三种三角函数，在"拓展阅读"中补全了其他三种三角函数定义，并根据三角函数定义总结出了三角函数的正负号规律。

　　诱导公式的呈现，虽然整体上仍是利用对称的思想来处理的，但呈现内容和顺序都与原教材有区别。新教材中，这一部分内容首先回顾了锐角三角函数值，然后提出了一个能够引出诱导公式的"情境与问题"，接下来根据角的终边之间的关系得到了有关的诱导公式。通过本部分的学习，让学生理解任意角的三角函数定义，理解用单位圆中的向量表示三角函数线的原理，并借助三角函数线的直观性，自主地探索三角函数的有关性质，掌握同角三角函数关系式和诱导公式，能进行三角函数之间的简单变换，会求任意角的三角函数值，并记住某些特殊角的三角函数值。

第三部分是三角函数的性质与图像，呈现了正弦函数的性质与图像、正弦型函数的性质与图像、余弦函数的性质与图像、正切函数的性质与图像和已知三角函数值求角等内容。

以三角函数线为主要工具，研究正弦、余弦和正切函数的基本性质。教材重点讲解了正弦函数的性质与图像，包括值域、奇偶性、周期性、单调性、零点和对称性。利用正弦线得到正弦函数的值域，利用正弦线得到一个周期内的单调性，进而利用周期性得到正弦函数的全部单调区间，在研究正弦函数性质的基础上，利用科学计算器，通过描点法得到正弦函数图像，并通过图像得到正弦函数的对称性，还可以让学生通过图像对前面的性质进行再认识。接着，在处理正弦型函数 $y = A\sin(\omega x+\varphi)$ 时，主要利用换元法转化为 $y = \sin x$ 的性质和图像得以解决。在重点掌握以上内容的基础之上，教材按照处理正弦函数性质和图像的方法简要地介绍了余弦函数和正切函数的性质和图像。本部分最后讲解了利用三角函数线根据已知三角函数值求角的方法，还给出了利用计算器、Excel、GeoGebra等求角的内容，为学有余力的学生提供了广阔的探索空间。

通过对本部分的学习，让学生掌握正弦、余弦、正切函数的性质和图像，并总结研究三角函数的思路和方法，加深对函数周期性的理解；掌握正弦型函数$y = A\sin(\omega x+\varphi)$和余弦型函数$y = A\cos(\omega x+\varphi)$的图像，掌握五点法作图，掌握图像变换方法，并了解参数ω，φ，A的值对函数图像的影响；会用三角函数线解决已知三角函数值求角的问题。

教师在教学时应加以重视、指导，要求学生认真完成，并进行展示与讲评。让学生重视学科之间的联系，感悟数学与现实之间的关联，学会用数学的眼光观察世界，发现问题，并用数学的方法解决实际问题。

3.中职数学课程思政融入典型案例教学框架设计——以"7.3.1正弦函数的图像与性质"一节为例

情境引入：介绍三角函数图像的发展数学史内容——唐朝僧人一行撰写的《大衍历》编出太阳天顶距和日影长度比的对应表，即为正切函数，比巴坦尼编制的余切函数表早200年。由此让学生了解我国古代数学成就，对世界数学发展做出的贡献，增强文化自信，激发民族自豪感。构建本课时的研究路径，形成整体观念。

问题导学：创设问题，引导学生发现从一般到特殊的五点画图法，掌握五点画图法的方法，培养和发展数学抽象、直观想象的核心素养。

课堂小结：通过正弦函数的图像让学生体会一定的人生道理——生活就像正弦曲线，有时波峰有时波谷，波峰时别得意忘形，波谷时别心灰意冷；没有波谷就没有波峰，没有波峰也没有波谷；有波谷没有波峰人生不完美，有波峰没有波谷人生不完整；善待他人理解命运，得意时不以物喜，失意时不以己悲，喜忧相伴快乐前行。框架思路见图1。

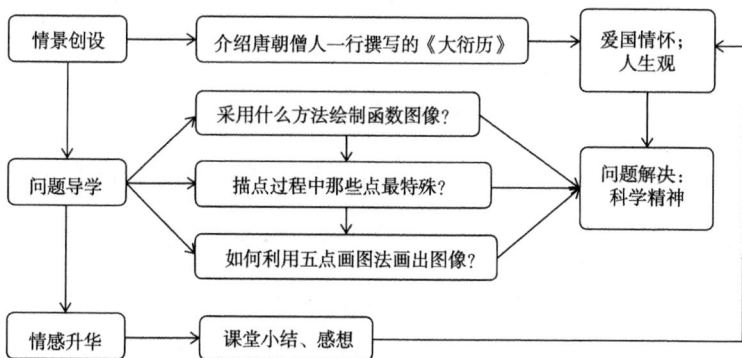

图1 "7.3.1正弦函数的图像与性质"教学框架

三、结束语

在数学课程中融入课程思政，除了需要教师和学生的积极参与，还需要对教学效果开展教学评价，需要认识到教学评价也是课程思政在实施过程中至关重要的环节，这不仅能够检测课程思政开展的效果，而且对引领和推动教学的改革有很大的帮助。通过合理的教学评价引导教学活动向更加合理的目标发展。

若想更好地达成思政目标，老师对于专业知识的把握还需要更加深入，专业知识和思政内容是相辅相成的，只有对专业知识研究得更加透彻，才能挖掘出更多相关的思政内容。笔者在研究开展课程思政的环节和融入方式上，还有待进一步的发掘和实践，这样才能实现课程思政贯穿教育教学全过程。

总之，中职数学知识体系中还有很多可以融入的思政元素，教师应通过各种手段和方式，在教学的不同环节潜移默化地融入思政内容，不仅满足了学生对于数学知识的学习，而且使学生接受了辩证唯物主义教育、爱国爱社会主义教育、科学人文素质教育以及良好的个性品质教育，这对于学生的成长成才有着十分重要、不可替代的作用。

时事政治在中职政治课教学中的运用

闫小满

一、引言

时事政治是中职政治课程重要的组成部分，中职政治教师应该在课堂教学中讲解时事政治，并合理应用时事政治，并引导学生从正确的角度入手理解时事政治，最终做到能够自主分析运用时事政治；同时，也达到提升政治课教学质量的目的。那么，如何达到预期的教学效果是笔者重点研究的内容。通过对现阶段中职政治课程教学方式的调查发现，虽然有部分教师会在课堂中讲解时事政治内容，但是讲解方式缺乏一定的科学性，导致时事政治的价值无法得到有效的发挥。而且时事政治抽象性较强，许多学生不愿意去了解，也不愿意学习相关的政治知识。因此，中职政治教师需要了解学生的思想现状，利用全新的方法手段讲解时事政治；同时，还需要将时事政治与教材所学政治知识相结合，促进中职政治课教学的全面提升。

二、中职政治课教学中融入时事政治的原因

（一）学生特点

科学技术日新月异，社会在不断进步，学生们获取新闻的途径增多，也开始关注时事热点，还会交流看法；但是因为他们自身的政治知识储备和阅历有限，很容易片面地看待问题，导致形成错误的思想。同时，这一年龄阶段的中职学生的人生观、价值观没有完全形成，思维与逻辑也处在不够成熟的阶段，所以作为政治教师更要肩负起对学生正确引导的责任，从而帮助其形成正确的人生观、价值观。

（二）扩充政治教材内容

经过调查发现，政治教材重视知识的系统性和条理性，后期的修订一般会增加一些相关图片和案例，几年内教材更新变动并不大。这样的编订会使政治教材缺乏趣味性，学生学习时会感到枯燥乏味。一切事物都处于变化和不断发展之中，政治事件更是如此，学生不了解时事政治，遇见时事政治事件很难做出判断，甚至是看不懂。再加上有

些政治教师一味地追求学生理论知识的掌握，忽略了知识在现实生活中的应用，学生也无法学习到更多更新的政治概念，从而影响了对政治课程的掌握效果。所以，政治课堂加入时事政治能有效改善补充课本事例陈旧的状况，提升教学效果。

三、时事政治在中职政治教学实践中的应用

（一）应用中的不足

1.时事政治的材料选择不适宜

政治教学中应用时事政治时需要选择相应的时事政治材料，但许多教师在时事政治材料的选择中存在无从下手之感，无法选择出合适的材料。还有一部分教师只注重时事政治材料的影响力，却忽视了其与实际政治知识内容的契合度。这些情况表面上可以让学生了解到更多的时事政治，但实际上会加大学生的学习难度，也无法达到理解政治知识的目的。另外，时事政治不是一成不变的，陈旧的时事政治材料无法对新时代背景下的政治情况予以反映。部分教师只注重典型时事政治事例，其材料的影响力强，但从时效性来讲已经比较陈旧，那么，反复使用这样陈旧的时政材料，就不能有效提升政治课的教学效果。

2.时事政治材料的展示方式不当

在中职政治课教学中，许多教师无法正确展示出所选择的时事政治材料，他们会直接摘选新闻中提到的某一时事，以固定单一的方式来呈现。此外，部分教师会以多媒体设备来展示时事政治，虽然这种展示方式能够赋予课堂趣味性，但一味地使用多媒体，难免会让学生感到单调，自然无法提升学习政治知识的积极性。

3.缺少以时事政治为核心的活动

时事政治实践活动能更好地提高中职学生的学习兴趣和学习能力。目前，中职政治教师虽然在政治教学中融入了时事政治，但只是在理论知识讲解中渗入性地融入时事政治，并没有开展相应的实践活动，更没有在政治实践活动中融入时事政治，这些情况容易导致课堂教学效率降低。对部分开展了融合时事政治的实践活动的教师而言，活动还存在一些影响效果的问题：一是没有凸显学生的主体地位；二是学生的活动范围受到局限。

（二）如何有效地在政治课教学中运用时事政治

1.在课堂导入环节应用时事政治

时事政治指的主要是当下以现实生活为时事背景的政治内容，时事政治具备显著的现实特征。现代社会背景下，中职政治教师应该以新课改为背景，以学生为主体，在对学生的兴趣爱好、个性特征和实际的学习情况进行了解后，以这些为基础，创新教材事例内容，在其中补充进时事政治。例如，课堂导入阶段，教师引用的时事政治内容可以涉及学生还不了解的政治知识，或者与学生认知层面起冲突的内容，使学生产生强烈的了解新事物的欲望，甚至产生怀疑，进而转化为想要深入探究时事政治知识的动力，最后在教师的引导下得到启发，提升课堂教学效果。

再比如，在课堂的前5～10分钟，教师可以指导学生回忆上堂课所学知识，并在回忆知识的过程中联想起近来发生的时事政治，与全班同学分享时事政治后，教师再提出相应的问题，摆脱教材束缚，让学生以自己的政治思维分析时事政治事件，一步一步深入解读时事政治事件，并最终能够解决时事政治中的问题。这样安排导入环节，一方面可以激发学生的学习兴趣，集中学生注意力；另一方面可以发散学生思维，拓宽知识面，提升政治理论的水平。

2.在课堂教学环节应用时事政治

（1）教师积累并恰当地使用时事政治素材

为了展示政治知识的实际有效性，在具体的课堂教学中，教师要将时事政治素材融合到政治课程中，使时事政治的价值发挥到最大，所以应用时事政治的时机与程度要做到精准的把握。时事政治事件每天都在不断更新，因而中职政治教师应当时刻关注时事政治。教师了解国内外最新的时事动态，而后在课堂教学中，利用创新的方式引入所了解的时事信息，从而帮助学生掌握国家的动态形势和热点问题，开阔视野。教师在教学时，还需要不断地研究课本教材，以教材为基准，积累更多的时事政治素材，在确保时事政治事件的时效性和准确性前提下，让学生深入分析这些时事政治事件。通过分析，增强学生的政治知识学习能力。

（2）培养学生分析时事的能力

现代中职政治教育更加注重学生理解知识的程度，以及学生能否利用所学知识正确解释生活现象。通常情况下，政治教师会利用政治习题中的材料作为时事政治教学的重要载体，让学生分析和解读隐含在材料中的相关知识点。这样的方式，不光需要政治教师备课时花费大量的时间去筛选合适的习题，还僵化了学生答题的思路和形式，使学生无法灵活分析新的时事政治材料。为了改变此现状，政治教师可以利用多媒体等现代化教学设备，让学生在生活中自己收集时事政治信息，深入思考和分析时事政治，再在课堂上以"时事报道"的形式展示给同学，从而表达出自己对这些时事政治的真实感受和看法，并运用所学政治知识分析时事。利用这样的方式，强化时事政治教学，赋予政治教学趣味性和实效性，实现对学生政治领悟能力的培养。

3.组织开展相应的时事政治活动

教师可以组织开展与教材所学知识相对应的时事政治活动，如演讲式的时事政治活动，时事政治相关的专题讲座等。以演讲式的时事政治活动为例，教师要指导学生利用课堂学习或课外收集的方式，获取最新的时事政治信息，再以演讲的形式来分享所获得的信息。在政治课堂教学中，教师要引发学生的思维，让学生思考各种问题，要在全面调查了解此事件后，结合新闻和时事政治，以推举学生代表的方式进行课堂演讲。以此灵活的方式改变传统教学，提升教学效果。

此外，从中职学校角度来讲，也要加深对政治教学中融入时事政治重要性的认识，通过对不同班级教师的政治教学情况的了解，可以邀请专业人员进行与时事政治相关的专题讲座。定期开展以时事政治为主题的专题讲座，由专业人员对社会的重大时事问题进行进一步的解读分析。在讲座之前，教师要让学生先全面了解讲座会涉及的相关时事政治，这样一来，便于学生在听讲座时有目的地吸收重要信息，获取相关专业知识，并提高分析问题的能力。

四、结语

　　综上所述，在当前的中职政治教学中，时事政治是非常关键的部分，也是推进政治教育的有效途径，更是提升学生道德品质和法治意识的重要手段。中职政治教师在开展实际教学时，应加强时事政治和政治理论本身的结合，有效提高教学质量，进而帮助学生树立正确的人生观，养成良好的政治素养。中职政治教师任重道远，让我们共勉！

传先贤之大志，守文明之正道

——浅谈古诗词教学课程思政自然融入

王丹

一、引言

课程思政要自然地与日常教学相融合。在教学当中，将正确的世界观、人生观、价值观，充满正能量的思想意识，积极向上的人生追求等，潜移默化地传授给学生，沁润学生的心灵，直击学生的灵魂，培养有知识、有文化、有力量、充满正气、敢于创新、勇于担当、德智体美劳全面发展的人才。

二、以先贤之志激发时代担当

"在心为志，发言为诗"，中国古典诗歌的一大创作原则便是"言志"。我们的语文教材中，各个年级都有大量的古诗词篇目，这些流传千古的诗句，无不寄寓着诗人所言之志，这便是课程思政的一个很好的载体。

中华文明千年传承，在这古老、厚重、博大的中华文化中，无论穿越几多时空，无论经历多少岁月，我们都能从字里行间看到中华文明之"志"。这文明之"志"从不在一己之私，亦不在个人图利，中华文明之"志"永远在肩负，始终在担当。这不仅是个人求知求学之志，不仅是人生创业奋进之志，更是民生惠旺、家国安泰、天下太平之大志。这份大志向必然承载大使命，更是肩负大担当。中华文明历尽五千年岁月，天下太平之大志从未磨灭，坚守正义的精神历久弥新。时至今日，构建人类文明共同体，中国亦以一个负责任的大国身份在人类文明的正道上坚守着这份为全人类谋幸福的大志。今天的中国在为全世界贡献中国智慧，提供中国方案，承担大国责任。我们的学生——每一个青少年都是祖国未来的建设者，他们更是这一份大国担当的未来实践者。因此我们在语文古诗词教学中，当以先贤之志激发时代担当，坚守大义，正道直行，从而将课程思政与语文教学自然融合为一个整体。

三、以先贤的创作激发点，激发学生的情感共鸣

中国传统诗歌的美，不仅仅是浪漫的诗意与美丽的远

方，还体现了在常怀一份担当与责任中的无疆大爱。现实着眼，民本为志，先贤无时无刻不着眼现实，关注民生，内以修身，外以兼济，辅黎元，兴家国，以至天下熙熙而乐。这是何等的大浪漫、大情怀。

古代先贤无论身居何位，眼中心底尽是民生。我们在语文教学中要有意识地挖掘古诗、诗人背后的故事。在这些背景之下，深入探讨诗人的创作激发点，并将这些能够激发诗人的创作情感点位与学生的情感认知打通，建立真正意义上的共鸣。先贤之志自然融入学生的情感认知世界，从而实现思政教育的自然融入。屈原的《离骚》中"长太息以掩涕兮，哀民生之多艰"，"民生多艰"便是屈原创作的一个情感激发点。屈子在个人际遇穷极之时，所思所想，以至泪落沾襟的不是自身荣辱，而是人民生活的苦难。屈子的殉国不是殉其个人仕途的走投无路，而是殉祭一份对家国、对天下、对苍生无以报效的大悲恸。"路漫漫其修远兮，吾将上下而求索"，屈子毕生求索的不是个人的官高爵显，而是家国社稷的前路，是让苍生走出多艰的困境的民生之路。民生民本是屈子之志的出发点，亦是古代先贤的共同志愿。这一激发点，在而今的时代也是同样可以引发学生共情与共鸣的。书不是只在教室里读，更不能只在温室里读，我们应引导学生关注现实，有关注民生的意识，增强现实的共情力，激发学生的思辨力与创造力，让学生自然地去感受自己的立志方向与使命担当。我们带领学生同步看那些感动中国、为人民谋福、为家国天下造福的杰出人物和事迹，也同步去内省自身的品德与志向。

再如我们的教材中经常出现的唐代大诗人白居易。从小学到初中，再到高中，每一个语文学段，都有白居易的诗词作品被选入语文教材。我们在教学中可以将白居易的诗词作品以其诗歌的创作激发点和其内在之志作为一条线索，去串联与整合白居易的作品。更完整地还原白居易的时代情境，搭建时空桥梁，激发学生共情共鸣，从而把握白居易诗歌中的"志之所在""情之所生"。我们以白居易《观刈麦》为例，来进行情境还原。他在陕西为官，劝农课桑，征收捐税的同时，激发他创作的情绪点不是"多收三五斗"，而是那面朝黄土背朝天的艰辛耕作，是那抱子拾穗不得充饥果腹的民生艰难。"小麦覆陇黄"，一派丰收气象，他却看到"足蒸暑土气，背灼炎天光。力尽不知热，但惜夏日长"的南岗丁壮，在田野里辛苦的劳作。他看到家田输税已尽，只能抱子拾穗充饥的贫妇人。在那个农业社会中，为官一任，值遇丰年，本是捐丰税富，政绩可观的喜事，但白居易却无喜可言，因为他以民本为志，他的郁结在民，他的悲悯在人，所以此刻他遇丰年却担忧。他了解这些黎民遭遇，于是他内心因悲愧煎熬，这便是他创作的激发点。他着眼在现实，立志在民本民生。他发出"今我何功德，曾不是农桑。吏禄三百石，岁晏有余粮"的愧疚感叹。围绕这民本之志的创作激发点，我们能串联起《卖炭翁》等作品。通过知人论世，我们也能很直观地看到白居易为官样貌，所到之处，无论升迁还是贬谪，他都着眼现实，关注民生。他在杭州任上，带领官民抗旱，疏浚枯井，解决百姓饮水问题，修建堤坝，蓄积湖水，为旱灾灌溉做准备。他倡导"新乐府运动"也是将民生百态融入诗歌创作当中，用诗歌反映百姓的实际生活。我们用先贤之志，用诗人的创作激发点，去激发学生的情感共鸣。当今的中国各个领域高速发展，学生们能从自身日常生活中随处感到物质生活的丰富与便捷，但是生活不是只有自己这一个小圈子，国家是要全体人民共同富裕。于是我们自然地引导学生去关注那些在他们习以为常的生活之外的需要帮助的人们，去感受打赢脱贫攻坚战的那种全民族的喜悦与自豪。那么课程思政也就自然地融入进了日常教学。

北宋文学家范仲淹的《江上渔者》，学生们在很小的时候就能朗朗成诵了。"江上往来人，但爱鲈鱼美。君看一叶舟，出没风波里。"江边人来人往，盘中鲈鱼堪脍。视觉上人丁兴旺，市井热闹；味觉上鲈鱼肥美，正该一饱口腹之欲，而诗人范仲淹的视域中，这些都不过是他诗歌画布上的背景而已。他的目光凝聚之处，却是烟波浩荡、风狂浪疾的江面上那一叶小舟，和舟中搏击风浪、网鱼糊口的艰辛的渔人。浊浪惊涛，一叶孤舟便是他的创作激发点。熙熙而乐、大快朵颐的背景，对撞出生入死的民生艰难，这对撞中涌动着范文正公的大情怀。范仲淹在苏州为官，勤心治理水患，他眼中是民生，肩上是担当，诗文中蕴含悲悯，行动中便实干。"先天下之忧而忧，后天下之乐而乐"，这便是范仲淹之"志"，他的志向从现实中来，从以民为本的信念中来，他敬仰的是"古仁人"，而他自己更是"古仁人之心"的承继者与实践者。古代封建社会中的官员与百姓的等级关系与今天的民主平等的新时代已经截然不同，但一份为民造福的情怀却是可以引发共鸣。我们同步去引导学生关注在新时代中的那些有担当有作为，为人民服务的好干部，焦裕禄、孔繁森等一个个响亮的名字，他们的事迹令人感动，他们的精神令人敬仰。这样我们也将高中语文新课标所选入的新文章自然的串联到授课当中去，打破单元的隔膜与界限，将思政教学贯穿始终。

我们引导学生从古诗词的文字入手，解析鉴赏诗句，同时追溯每一个特定时代的情况，全景式地还原诗人彼时彼刻感受到的彼时彼景，穿越时空的隧道，搭建历史的共情与共鸣，感受诗人之"志"中所蕴含的思考与担当，以此来激发学生的共鸣。在当今的时代中，青年学子也应心存大志，肩负使命，多元思考，开拓创新，敢于担当，汇聚点滴个人之力，形成民族巨大合力，在时代的浪潮中，展现中国青年的大智慧、大担当、大情怀。

四、以先贤之守正立身，激发学生正道直行

《诗经》是中国最古老的诗歌总集，它记录了自西周至春秋三百多首诗作，孔子有云，"诗三百，一言以蔽之，曰：思无邪"。"无邪"即正直，中国先贤在沧桑正道中，砥砺直行。

"正""直"都是一种选择，守正便是一种信念与信仰。多少先贤守正立身，无惧世事多舛，永远选择坚守浩然之气，正是如此，我们在先贤诗歌中所见的志向便更为远大。

初中语文教学中鉴赏唐代大诗人韩愈的《左迁蓝关示侄孙湘》。韩愈在上疏《谏迎佛骨表》的时候，就已经能够感知到很有可能会遭遇"一封朝奏九重天，夕贬潮州路八千"这样的境况，但是面对正在恭迎佛骨兴头上，要天下大兴各种礼佛之事的唐宪宗的时候，他作出了选择，他选择了"正"与"直"，他立足的是民生正道，选择的是直

言进谏。在那一刻，他的民本之志、家国之志，是正道直行的，但坚守正道却会忤逆封建王权之下尊贵的圣意，但他还是作出了"欲为圣明除弊事，肯将衰朽惜残年"的选择。他被贬谪了，做好了向侄孙嘱托后事的准备，他失意，他忧伤，但他在沧桑之路上，选择的是坚守正道，选择的是正道直行。

初中生初学《左迁至蓝关示侄孙湘》或许在理解上有难度，在共情上有困难。但是我们对比鉴赏一首为学生所熟知的《早春呈水部张十八员外》，从感觉上降低学生对于韩愈诗歌的隔膜感，拉近学生与诗人之间的距离。"天街小雨润如酥，草色遥看近却无。最是一年春好处，绝胜烟柳满皇都。"这首快意之作学生儿时便能成诵，文辞简单平易。进而我们再讲授韩愈创作"天街小雨"这样一首轻快美好的早春小诗的时候，正是在他遭遇贬谪的之后几年，唐朝发生了叛乱，韩愈面对国难，依然坚守国之正道，不计个人安危，以一个文官的身份，只身深入叛军，去和叛军首领谈判，成功平息了这场叛乱。平乱之后，完成国家大任，不辱使命的韩愈，在早春时节写下了快意的诗作。两首诗一难一易，一忧一喜，迥然的诗歌风格背后，却是诗人一以贯之的不计个人宠辱，肩负家国正道的精神。学生在鉴赏诗词的同时，感受先贤守人生之正道，担家国之大任的精神。思政教学便从先贤的字里行间，浸润到学生的心灵。

五、结语

十年树木，百年树人，教育是国之大计。在我们的语文教学中，以古诗词为抓手，把握诗中之志，鉴赏诗歌隽永的文辞，分析诗人湍飞的意气，以先贤无边的大爱激发学生的共鸣，激发学生的使命感与担当精神，将课程思政自然融入其中。传先贤之大志，守文明之正道，让这份贯穿五千年中华文明的极具使命感与担当精神的大志，随着文明之血脉，永植学生心间。塑造一代有担当、有作为，积极向上的时代青年。

立足我校学生专业特点，发掘语文课程"爱国、爱校、爱舞蹈"的思政内涵

——以附中中国舞2019级《梦游天姥吟留别》教学为例

武春利

一、引言

课程思政的根本目的在于立德树人，而立什么样的德，树什么样的人应着眼于学生这一受众群体的具体需要。职教学生因其具体的职业方向决定了他们有比普教学生更加特殊的立德任务，因此职业院校的课程思政应从学生的专业特点出发，做到目标明确，有的放矢。

（一）艺术类职业院校课程思政的重要意义

1.习近平总书记在文艺工作座谈会上的讲话对培养艺术人才提出要求

2014年10月15日，习近平总书记在文艺工作座谈会上强调："中华优秀传统文化中很多思想理念和道德规范，不论过去还是现在，都有其永不褪色的价值。我们要结合新的时代条件传承和弘扬中华优秀传统文化，传承和弘扬中华美学精神。……我们要坚守中华文化立场、传承中华文化基因，展现中华审美风范。……希望文艺战线和广大文艺工作者不辜负时代召唤、不辜负人民期待，创造出更好更多的文艺精品，为推动文化大发展大繁荣、建设社会主义文化强国作出新的更大的贡献！"

习近平总书记的讲话不仅为艺术工作者指明了奋斗方向，更为培养艺术工作者的摇篮——艺术类职业院校的育人任务提出了具体的要求，即在培养学生的艺术专业本领的过程中应始终将传承中国文化、塑造符合新时代要求的艺术人才，作为自己的育人目标。

2.《中华人民共和国职业教育法》中对职业人才培养提出要求

2022年修订的职业教育法明确提出，实施职业教育应当弘扬社会主义核心价值观，对受教育者进行思想政治教育和职业道德教育，培育劳模精神、劳动精神、工匠精神，传授科学文化与专业知识。作为职业院校的教师更要在培养高素质技术技能人才时，使受教育者具备从事某种职业或者实现职业发展所需要的职业道德、科学文化与专业知识、技术技能等职业综合素质和行动能力。

艺术类院校作为培养国家艺术人才的教育基地，应秉承职业教育法的要求，以培养高素质艺术人才的科学文化知识及艺术素养，树立符合社会主义核心价值观的艺术职业精神为课程思政的重要内容。

（二）北京舞蹈学院"爱国、爱校、爱舞蹈"育人理念的要求

1.《北京舞蹈学院"十四五"规划》中"立德树人"的育人目标

《北京舞蹈学院"十四五"规划》中指出我校要"落实立德树人根本任务，培养担当国家舞蹈文化传承大任、德艺双馨的优秀人才，……以弘扬'爱国爱校爱舞蹈'优良传统"和"遵道崇德，天地人和，文舞相融，德艺双馨"校训精神为己任，……推进课程思政建设，打造最美课堂……引导教育学生坚定理想信念，以舞报国。那么，

如何培养优质艺术人才？我校党委书记巴图指出："这需要系统的教育培养。从中等职业教育到高等艺术教育再到院团教育，通过密切合作，在不同的阶段完成人才培养使命。"

2.附中《人才培养方案》中对人才德育素养的要求

北京舞蹈学院附中作为全国艺术类中等职业院校的排头兵，在北京舞蹈学院党委的统一领导下，于中等职业教育领域深耕近70年，附中的教学以《人才培养方案》为依托，为我国舞蹈事业的蓬勃发展做出了卓越的贡献。《人才培养方案》将"坚持以中华民族优秀的舞蹈文化教化育人"这一德育素养要求放在了育人首位且贯穿全学段，为附中包括公共基础课在内的各门课程明确了育人任务。

（三）"爱国、爱校、爱舞蹈"的思政解读

1.爱国

如果说课程思政的根本目的在于立德树人，那么立德树人的原点就是爱国，它集中体现了教育的政治性特征，各国都不例外。而我国社会主义教育事业的核心内容是培养社会主义事业的接班人和建设者。艺术类职业院校的育人任务之一就是把学生培育成热爱祖国文化的艺术人才，具体到我校就是以习近平总书记在文艺工作座谈会讲话精

神为指导，把学生培养成乐于传承中华优秀传统文化精髓，并以此引领舞蹈艺术事业发展，用文艺振奋民族精神，助力新时代文化发展的艺术人才。"爱国"是我校课程思政的重要底色。

2.爱校

课程思政的主战场是学校。附中的学生从踏入校园看到"舞蹈家摇篮"巨石的一刻起，从吟诵"遵道崇德，天地人和，文舞相融，德艺双馨"的校训开始，"以学校为荣"的德育理念就已经在他们的内心扎下了根。教师通过言传身教，借助各门课程内容，在六至七年的时间里，唤起学生薪火相传的历史使命，弘扬我校优良传统，完成对附中学生的育人重任，最终实现学生"学校以我为荣"的德育观念。"爱校"是我校课程思政的具体成果。

3.爱舞蹈

我校是以舞蹈专业为核心课程的艺术院校。附中学生从入学开始，就此告别过去"业余班""兴趣班"的学习方式，正式开启六至七年的专业舞蹈学习生涯。教师通过具体课程培养学生热爱舞蹈的艺术品格，树立远大的职业理想，锻造舞蹈艺术的工匠精神，助力学生成为综合素质较高，专业基础扎实，并且具有可持续发展能力的基础型舞蹈表演人才。"爱舞蹈"是我校课程思政的核心任务。

爱国、爱校、爱舞蹈三者相辅相成，不可分割，始终、全面贯穿于我校德育工作的各阶段。

二、以《梦游天姥吟留别》为例

语文学科具有课程思政的天然优势，教材中的经典篇目都是中华民族灿烂文化的代表作品，在学生学习和使用祖国语言文字的同时，帮助学生增强文化自信，树立社会主义核心价值观。艺术院校的语文课程应在此基础上，从学生的专业特点出发，结合《人才培养方案》的要求，完成课程思政的具体任务。

（一）篇目的课程思政设计

1.教材中篇目所处的单元位置及思政要求

《梦游天姥吟留别》是部编版《普通高中语文教科书》必修上册第三单元古诗词教学单元中的第八课。本单元的课程思政点是"生命的诗意"，"感受古典诗词的魅力，体味古人丰富的情感、深邃的思想、多样的人生，激发对中华优秀传统文化的热爱"（部编版《普通高中语文教科书》必修上册第三单元单元提示）。

2.从学生专业特点出发设计的单元教学思政任务（见表1）

表1　必修上册第三单元教学思政任务

层级设计	课次及课时	篇目		舞蹈剧目
感受多样的中华美学精神	第一次课2课时	《归园田居》	质朴自然	《归园田居》
	第二次课1课时	《声声慢·寻寻觅觅》	婉约缠绵	《李清照》
	第三次课2课时	《念奴娇·赤壁怀古》	豪放旷达	《东坡忆》
树立关照现实、感知共情的艺术情怀	第四次课1课时	《登高》	观照现实	《杜甫》
	第五次课3课时	《琵琶行并序》	知己共情	
培养德艺双馨的艺术品格	第六次课1课时	《短歌行》	心怀天下	
	第七次课3课时	《梦游天姥吟留别》	蔑视权贵	《月下独酌》《李白》
	第八次课2课时	《永遇乐·京口北固亭怀古》	用世之志	

《梦游天姥吟留别》设计使用3课时，通过对文本的学习，学生制作《梦游天姥吟留别》舞蹈剧目宣传页，深入领会作者蔑视权贵、昂扬向上的生命观，以此树立正确的艺术观，将德艺双馨作为自己追求的艺术品格，达成诗舞交融的人才素养目标。

（二）篇目课程思政的准备

1.学生学段的专业发展基础

本课的教学对象是中国舞专业四年级学生，在《人才培养方案中》处于中等职业舞蹈人才的形成阶段，即艺术素养全面提高，艺术实践的内容、手段、方法进一步丰富，艺术感受力、表现力、创造力进一步提高的阶段。班里的很多男生都跳过与李白有关的舞蹈剧目如《月下独酌》等。

2.学生的知识基础

学生在初中阶段已学习过李白的多首诗歌，《月下独酌》《送友人》《春夜洛城闻笛》《渡荆门送别》《宣州谢朓楼饯别校书叔云》《行路难》等，学生对李白的生平有一定的了解，但对其浪漫主义风格的体会还不够深入。

3.学生的认知能力基础

通过本单元前期学习效果了解到，多数学生能够准确判断想象、夸张、衬托等手法，但还不能掌握这些手法的具体作用，尤其不能掌握通过炼字鉴赏诗歌的手法；能准确判断意象，但还缺乏从意象角度赏析诗歌的意识。

4.学生的学习特点

中国舞专业的学生，思维较为活跃，善于小组合作学习，对中国古典诗歌作品学习热情较高，乐于朗诵。

（三）篇目的课程思政实施

1.激发学习兴趣，培养学生爱校情怀

课前学生观看我校"舞蹈特色资源库"中国古典舞经典作品《月下独酌》《李白》视频。《月下独酌》是第十一届中国舞蹈荷花奖古典舞参评作品，由我校古典舞系教师张军编导，附中2005级毕业生、现北京舞蹈学院青年舞团青年舞蹈家苏海路表演的男子独舞。《李白》是由附中2002级毕业生、青年舞蹈家胡阳领衔主演、众多附中毕业生参演的大型民族舞剧。两部舞蹈作品的主要演员都是附中的毕业生，以此唤起学生的自豪感；两部作品都取材于李白的故事，通过观看视频激发学生的学习兴趣，紧扣"坚持培养具有深厚民族审美情感的中国舞蹈表演专业人才"（《中国舞表演专业人才培养方案》）要求，丰富学生的审美体验。

2.设置任务驱动，呼应素养目标

第十三届中国舞蹈"荷花奖"古典舞评奖，将于2022年9月下旬在沈阳举行。假如取材于《梦游天姥吟留别》的剧目将参与展演，请学生为此剧目制作电子宣传海报。要求学生在学完本课后，撰写150字左右的剧目内容简介，通过表述剧目中李白的人物形象，概括剧目的主旨。设置

具体的任务，旨在让学生通过文本学习后，深入领会李白的人格魅力，反哺舞蹈表演综合素养，实现诗舞交融的目标。

3.品味诗歌语言，激发学生对民族语言的热爱

重视朗读活动，培养学生在含英咀华中领会中国古典诗歌语言之美。《梦游天姥吟留别》是一首古体诗，它没有近体诗格律结构的严谨，没有了字数、平仄的限制，更利于表现李白洒脱豪迈的情感。学生在朗读中，通过对长短句语速、声音强弱的变化更好地体会李白自由奔放的生命追求，从而帮助学生体会民族语言的语音美。

通过鉴赏诗歌语言，以小组合作的方式，领会衬托、想象、夸张、炼字等手法对诗歌表情达意的具体作用，赏析猿、青云梯、半壁、海日、熊、龙、列缺、霹雳、青冥、日月、金银台、虎、鸾、仙人等意象，体会李白想象奇特的浪漫主义风格，帮助学生体悟民族语言的意境美。

（四）篇目课程思政的重点

《梦游天姥吟留别》的教学重点是探究诗中梦境与现实的关系、深刻理解李白个性的浪漫主义及其背后深刻的内涵。本课的思政重点即在教学重点的落实中培养学生德艺双馨的艺术品格。

1.通过相关作品比较，深入理解李白的个性化浪漫主义风格

初中阶段学生学习了辛弃疾《破阵子·为陈同甫赋壮词以寄之》和陆游《十一月四日风雨大作》两首含有"梦境"的词，课上的讨论分析，学生发现了它们与《梦游天姥吟留别》的异同点。

从梦境的特点看，辛、陆二人的梦境都源自现实生活，前者是"梦回吹角连营"，后者是"铁马冰河入梦来"，都是对过往军旅生涯的回忆；而李白的梦境有熊咆龙吟、雷电霹雳、仙家聚会，充满了天马行空的梦幻感。

从梦与现实的关系上看，这三篇诗歌作品都源自作者对现实的不满，他们借助梦境实现自我慰藉。不同的是，辛、陆二人的梦境与现实高度契合，可谓日有所思夜有所梦，梦与现实表现为突出的显性联系；而李白的梦境则远离现实生活，纵横驰骋、光怪陆离，梦与现实之间充满了隐喻关系。

从作者的情感来看，辛弃疾大梦一场后发出了"可怜白发生"的悲壮之情；陆游虽在开篇写道"不自哀"，但英雄迟暮、壮志难酬，梦醒之后又怎能不哀叹。而李白从梦境回到现实后既有"世间行乐亦如此"的惆怅，也有"须行即骑访名山"的洒脱，更有"安能摧眉折腰事权贵"的诘问。通过以上分析，学生发现李白的情感最为复杂，在其复杂情感的背后是李白面对现实的自我觉醒。

2.借助"需要层次理论模型"，深入体会李白铮铮傲骨的品格

美国的著名心理学家马斯洛的"需要层次理论模型"，将人的需要由低到高分为了生理需要、安全需要、爱与归属需要、尊重需要和自我实现需要五个层次。

学生根据李白的生平，探寻到李白是在实现"尊重需要"时与现实发生了冲突。李白才华横溢，世人皆知，满腹才华的李白更想在仕途中大展身手。但在翰林供奉三年的生活中，李白却没能得到应有的尊重，反而受到了权贵的排挤，最终被"赐金放还"。

通过关注最高层级"自我实现需要"中的关键词"接受事实""解决问题""道德"等内容，结合诗句"世间行乐亦如此""须行即骑访名山""安能摧眉折腰事权贵"的具体内容，学生感受到了李白"接受现实"的态度，理解了他寻访名山的人生选择，更重要的是深入体会到了李白向往自由、蔑视权贵的人格魅力。李白的自我觉醒让李白完成了从"尊重需要"到"自我实现需要"的跨越。

3.明确时代要求，做德艺双馨的舞蹈文化人

面对权贵的打压，李白借梦抒怀，展现了其高洁的品格。职业院校的学生面对充满挑战的艺术之路，面对理想与现实的冲突又该如何面对？习近平总书记在文艺工作座谈会上的讲话对广大文艺者提出了明确的时代要求："繁荣文艺创作、推动文艺创新，必须有大批德艺双馨的文艺名家。……文艺是给人以价值引导、精神引领、审美启迪的，艺术家自身的思想水平、业务水平、道德水平是根本。文艺工作者……除了要有好的专业素养之外，还要有高尚的人格修为，有'铁肩担道义'的社会责任感。在发展社会主义市场经济条件下，还要处理好义利关系，认真严肃地考虑作品的社会效果，讲品位，重艺德，为历史存正气，为世人弘美德，为自身留清名，努力以高尚的职业操守、良好的社会形象、文质兼美的优秀作品赢得人民喜爱和欢迎。"

由此学生在课堂中接受了由彼到此，从古至今的人文情感熏陶，在品味民族语言的过程中，在与诗仙李白的共情里，挖掘了"爱国、爱校、爱舞蹈"的课程思政内涵。课后有不少学生表示，以后再跳《月下独酌》一定会有不同的体验。学生深刻地认识到语文学习对于提高自身文化素养、审美素养，尤其是其舞蹈职业发展具有不可替代的意义，激发了他们的学习热情。

三、结语

北京舞蹈学院原院长郭磊从文化战略高度指出，作为舞蹈艺术院校学生要明确文艺工作对于民族、社会、伟大复兴中国梦的重要价值和意义，勇于承担起舞蹈艺术教育和繁荣发展舞蹈艺术的责任和使命，为国家文化建设做出更大贡献……做到勤学、修德、明辨、笃实、树立正确的人生价值观，为未来的成长发展奠定坚实基础，并鼓励新生们不负青春，为梦想奋斗，争做爱国、爱校、爱舞蹈的优秀舞院人！

北京舞蹈学院党委副书记、院长许锐在北京舞蹈学院第二次党代会精神宣讲中指出，广大教师要……落实"立德树人"根本任务；要在"分类发展"中找到自己的教育特色，克服"畏难情绪"，迎难而上；……要将"爱国、爱校、爱舞蹈"的文化传承、优良传统贯彻到底，在国家美育战略中作出更大贡献。

作为职业院校公共基础课的教师，我们应高度重视学生在校职业发展的具体要求与规划，这要求我们的教学要"以人为本"，针对不同专业的学习对象，制定不同的教学方案，让学生的职业特点与语文学科素养紧密贴合，以此实现"因材施教"。对我校而言,我们需进一步探索语文课程与学生职业发展的契合点,挖掘助力学生职业长足发展的语文学科素养,以点带面,在核心素养的滋养下,提高学生建构与运用、思维发展与提升、审美鉴赏与创造、文化理解与传承能力等诸多能力,实现"以文化人、以舞育人"的教学宗旨,将学生培养成"爱国、爱校、爱舞蹈"基础性舞蹈文化人才。课程思政我们在路上!

览大好河山，思民族精魂

——以《壶口瀑布》为例探寻语文与思政的融合点

黄　薇

一、引言

语文课程标准中强调，工具性与人文性的统一是语文课程的基本理念。人文性就是注重利用语文学科的特点培养学生良好的品德、帮助学生树立正确的三观、健全学生人格，做到语文育人。因此，语文学科本身就有"立德树人"的重要任务，且语文教材就是育人非常优秀的资源。语文学科的思政教育有着得天独厚的优势。但值得注意的是语文思政要立足于语文学科教学，在不改变语文学科属性的前提下，在语文教学的过程中贯穿思政教育理念、实现思政目的。

语文学科的思政要基于学生视角，以学生生活密切相关处为切入点，探寻语文与思政的融合点，让思政教育悄然生长在语文教学里。老师需要看见每篇教材中的思政元素，结合具体的学情，明确思政教学目标，找到恰当的思政切入点，设计教学方案，将语文教学与思政有机融合在一起。

二、以《壶口瀑布》为例，把思政教育化入教学中

（一）单元统摄，学情在先，问题导向，共谋思政

语文教材一直是以单元编排、单篇组合为呈现方式的，每个单元都有自己核心的人文主题和知识指向。思政不是盲目的，理解教材编排意图，明确单元教学目标，才能结合单篇教学，做好课程思政的设计。同时学生在不同年龄段，同一年龄段的不同班级等，学情都不尽相同，教师在备课中必须考虑到这些问题，才能将文与人进行更和谐的统一，发挥好思政的作用。

人教版八年级下册教材第五单元以"学写游记"为主题，单元目标是让学生了解游记的特点，把握作者的游踪、写景角度和方法、品味语言，了解景物的美妙和作者的情怀。这个单元的文章是思政与语文学科融合的优秀资源，因为游记与学生生活密切相关。谁都有游山玩水的经历，在游玩的过程中学生或许会随手拍下风景，配上文字，发

到朋友圈。可是当老师问起他们游玩过后对美景有何感受，自己有何想法时，学生就毫无感触可言。他们的记忆中只留下网红打卡点、网红食物等。可见，学生的游玩是走马观花、缺少观察、缺乏感受的。学生面对祖国大好河山无情感可言。当美景以文字的方式出现在学生面前时，学生内心也就不太可能起波澜，学生缺乏阅读中的情感体验，就无法深入地体验到场景的氛围、景物之美，人物的情感，也就无法产生自身的观念和看法。那么思政目标也就很难实现。所以老师首先要根据学情，设计相关教学环节，寻找恰当的思政切入点，引导学生通过品读语言、诵读课文让学生渐入其境，进而生发对美好山河的喜爱向往之情，提升审美能力，引导学生思索自然万物中蕴含着的哲理美，能与作者的情感产生共鸣，充分实现语文教学的思政功能。

（二）以《壶口瀑布》为例，谈课程思政落实

《壶口瀑布》语言优美，气势磅礴，情感丰富，作者通过对壶口瀑布细致优美的描写，写出了壶口瀑布雄伟壮阔的特点。作者由瀑布写到黄河水，联想到中华民族自强不息的精神品格。文章体现了描写之美、意境之美、哲理之美。可是怎样让学生感受到这些美，特别是让学生理解作者由实而虚的情感升华，并非易事。这篇文章想要实现让

学生领略自然之美，生发对祖国大好河山的热爱之情，并从山水中思索民族精神品格，传承与发扬自强不息的民族精神，主要就要解决以下两件事情。

1.通过文章的语言描写、结构层次引起学生阅读兴趣，激发情感

为了能够激发学生兴趣，笔者首先播放了"壶口瀑布"的视频资料，展示"壶口瀑布"的相关图片，然后要求学生给图片配上一段对瀑布描写的文字，说明这段文字是要发到朋友圈里的。学生的文字显得很干瘪，描写角度单一，并不能呈现壶口瀑布的魅力。于是笔者顺势提出：请同学们一起看一下作者是如何描写瀑布的？请同学们阅读课文第3和第4段内容，阅读过后再从作者的描写角度、描写手法等方面对学生进行启发。最终明确作者是从视觉角度运用想象、联想的手法，运用各种修辞手法，采用精准优美的语言写出了瀑布壮阔雄伟的特点，又写出了河水汩汩如泉、潺潺成溪的多种形态。进而体会作者是出于对瀑布的喜爱之情，才能写出如此优美的文字。我们也该如此细心观察，从多个角度，饱含感情地描写景物，才能更准确地通过文字表现出事物的特征。

这一部分的设计重心就是引导学生认识到作者在创作时对黄河是饱含深情的，这是写好景物的前提条件，让学生把自己与作者文字进行对比，吸引学生去关注如何描写景物，激发学生的阅读兴趣，同时也将写作的学科素养与饱含情感这一层次的思政教育融合起来。

2.让学生理解作者由实到虚的情感升华，培养深度思维

为了实现这一目的，笔者从第4段中"我突然陷入了深思"切入，引导学生思考作者深思了什么？经过充分讨论，学生明确作者看到水"其势如千军万马，互相挤着、撞着、推推搡搡，前呼后拥，撞向石壁，排排黄浪霎时碎成堆堆白雪"，思考到它"挟而不服，压而不弯；不平则呼，遇强则抗，死地必生，勇往直前"的精神；又看到水"浑厚庄重如一卷飞毯从空抖落。不，简直如一卷钢板出轧，的确有那种凝重，那种猛烈"，自然又联想到其"柔中有刚"的精神。这个问题的解决过程，是在引导学生去理解这里的精神已经从"水"转向了"人"，从而体会到"水与石搏击"过程中的艰辛，这和人与磨难作斗争一样。进而再引导学生像作者一样去深思：黄河是中华民族的母亲河，它哺育了一代代的中华儿女。那么这里"水"与石头的搏击，不正是中华民族发展过程中所遇到的各种磨难与不幸吗？

如此，从"水"进入，延伸到"人"，最后落在"中华民族"的伟大性格上。壶口瀑布自然属性与特点在作者的

"沉思"与同学们的深思中自然而然结合，让同学们透过黄河，透过壶口瀑布最终看见中华民族自强不息的伟大精神。

三、结语

语文思政首先要确认思政目标，看见思政元素，探寻语文教学思政的融合点，坚持不改变语文学科属性的原则，将思政教育融入学科日常教学的过程中。使思政教育的思想、观点和学科教学内容水乳交融，互为补充。教师通过学习不断提升自己的专业水平，提高自身的美学修养，采用丰富多彩的手段，多种方法和途径构思教学思路，在语文教学中发掘融入思政教育的理念、内容、方法，培养学生健全的人格、高尚的品德、良好的心态，成为一个"全面发展的人"，做一个于社会于国家有用之人。

回到历史现场读史，走向当下未来评史

——浅谈史传类散文教学的课程思政设计思路

乔俊梅

一、引言

历史散文在统编高中教材中和诸子散文平分秋色，尤其是选自《左传》《史记》《汉书》的篇目较多。张高评在《〈左传〉之文学价值》中认为《左传》"为文章体裁之集林""为古文家法之宗师""为传记文学之祖庭"；而《史记》代表了古代历史散文的最高成就，鲁迅《汉文学史纲要》称之为"史家之绝唱，无韵之离骚"；历史上经常将司马迁和班固并列，《史记》和《汉书》对举，《汉书》作为我国第一部断代史，其文学成就不言而喻。

史传类散文作为语文学习的重要内容，在教学过程中如何凸显语文的学科性且能兼顾到文史哲不分家，给学生带来丰富充沛的课堂体验，课堂设计之重要不必多说。笔者拙见，窃以为史传类散文要跟着作者回到历史现场，品读史传作品的精彩情节，理解作者和作品人物的历史观念等；同时，要站在历史的纵向跳脱出来，感受史传的鲜活之处，理解经典之为经典的时代意义，以此挖掘贯穿古今的精神财富。而就此类文本的课程思政也要在以上两个方面有所体现，既要实现知识传授和能力培养，也要实现对学生的价值观塑造。本文将以《屈原列传》为例简述浅薄思考。

二、回到历史现场读史

回到历史现场读史，让学生通过叙事情节体味历史风云的变化，通过文学笔法感受作者言辞中的褒贬。生动的历史故事是鲜活的人物演绎的精彩瞬间，对文本的解读离不开学生对文体、字词、章句的理解，因此，在史传文学学习过程中，教师首先要带领学生从语文的基本阅读入手而进入历史现场，站在历史的语境里更客观理解人物的抉择，评判人物的言行。

（一）辨体明确读法，梳理历史脉络

刘勰在《文心雕龙》中"文体论"部分《史传篇》专

门有对历史散文的探讨。在这一点上，值得我们教学者思考的一点就是要树立敏感的文体意识，给予学生相对符合该类文本的比较明确的读法。就史传类散文而言，首先让学生树立"纪传体"意识。

纪传体史书的使命就是要冷静客观叙述历史，因此叙事是其重要的任务。在《屈原列传》一文中，学生在读的过程中要梳理人物事迹的脉络，勾画重要情节节点，能简要概括梗概，将屈原（任—疏—黜—迁—沉）和楚王/国(有序—被骗/被袭—客死/灭亡）的变化轨迹清晰把握。当然，在处理文本过程中，在简述内容之外，这类文本的阅读不妨用一个简单的思维导图把这两条线勾勒出来，让学生在感慨三闾大夫生平的大起大落之时，也能清楚看到太史公的叙事思路。对于学生来说，未尝不是一个优秀的写作者的范文赏析。

（二）知人而论世态，激发探究能力

历史散文因其时代性，知人论世是重要的文学鉴赏方法。不仅仅要了解作者的生平和创作背景，也要了解作品人物的时代环境和人生履历。就《屈原列传》来说，在教学过程中，我们大可以尝试按照表达方式将叙事部分拿出来，去完整的看故事。完整看故事的作用也在于，读者能

够全方位体会传记带来的叙事性。至于说，要扩充多少历史背景资料来辅助学生理解作品，重要的依据应该就是立足文本内容。比如，《烛之武退秦师》这篇文章的历史背景，除了烛之武说辞中的地理渊源等，更重要的就是对春秋无义战——"利"的解读。这一点背景，可以很好启发学生去思考结尾段落的"仁"。

对叙事内容的充分把握，自然会对人物形成自己的评判。学生在文章开头看到一个国事内外皆是精英的屈原，必然会对其才华心生仰慕与爱惜，那就一定会对屈原所遭受的种种不公扼腕叹息，惜其生不逢时。当学生在叙事段落中情感被最大化的激发之时，那么对"屈原之死"的理性思辨就体现出了真正的精彩之处。所谓的"以彼其材，游诸侯，何国不容，而自令若是"可能也会得到一部分学生的赞同，那么这种面对失意的抉择，就形成了课堂讨论的小高潮之一。

因此，站在历史的场景里去读人物，才能更好理解人物的选择和坚守。换言之，在这篇文章里这样的一个读法示范，实际上也给了艺术类学生一个读剧本的方法。甚至是包括舞蹈演员再去跳《屈原·天问》这支舞蹈时，也会更加具体地感受到那一支长剑所指何方。

三、走向当下未来评史

司马迁写史的理想是"究天人之际，通古今之变，成一家之言"，他既保持了一个史官的冷静，更表达了一家之言。在这个作品中，我们会在司马迁细腻的笔触中看到作者热情浪漫的评议。可以说，在《屈原列传》里，司马迁燃起了一团火，是文学的感性，是深情，是浪漫。这团火里燃烧着作者对人性的期待和渴望，表达着作者对历史前进的态度，他不仅仅在叙述历史，还在品评史实。引导学生在从语文的基本鉴赏出发，理解屈原的选择、司马迁的评判以及放之今日仍然值得深思的社会命题。

（一）评用词，体会一家之言的灵活性

于一字寓褒贬在司马迁笔下同样很明显。比如，张仪使楚的用词——佯去秦、诈之、设诡辩；再比如，怀王父子的五怒。对于张仪其人之塑造，尽显权变之术的人物特点，情节生动，让张仪的"倾危之士"形象更典型，楚怀王父子的无能也跃然于纸，可谓直逼小说写法。语文教学离不开字斟句酌，字斟句酌的过程一是为了培养学生的语言理解和使用能力，二是为了让学生的在字句中把握作者的

情感态度。这种咬文嚼字的学习过程，也是在日常的教学过程中训练学生的语用能力，文学可以模糊，也追求准确。

（二）品用典，琢磨贯穿古今的人性命题

关于结尾屈原和渔父的对话，实际是对楚辞《渔父》作品的化用，这本身就是一个浪漫的结尾，这也恰恰体现了"文学"的特点。这一段引用之所以也要成为段落分析的重点，是因为在这一段里，"圣人者，不凝滞于物，而能与世推移"的讨论与其说是渔夫和屈原的对话，不如说也是穿越了历史时空的司马迁和屈原的对话。面对现实生活，能不能"识时务"而改变自己，实际上不仅仅是屈原的拷问更是司马迁自己内心的拷问。

在这个段落的解析过程中，教师可以结合现实生活，尤其是与学生的专业特点相关的人物事迹进行讨论。就艺术类院校学生而言，如何保持自己的职业初心，始终用崇德尚艺要求自己，可以结合这番对话进行功名、利义、家国等多个话题的探讨。

（三）看人物，追求光辉灿烂的人性命题

纪传体文学终究要回到人物上来，屈原的"亦余心之所善兮，虽九死其犹未悔"是个人对生命任何选择的统一

写照，也是屈原和张仪的区别。在这个篇目中，不单单要看屈原，还要看司马迁。课堂过程中，教师可以结合司马迁给好朋友任安写的书信，去体会屈子和太史公同心。放在司马迁发愤著书的历史场域去看，"亦余心之所善兮，虽九死其犹未悔"也是司马迁的选择，因为坚持自己的理想，坚持自己的正道直行远远胜过了李陵事件带来的痛不欲生，活下去，去书写一种浪漫一种信仰。所以，有人说"借他人酒杯，浇自己心中块垒"，这是不是把司马迁想得太小家子气？

当课程完成了读、评、品、看，读史在读什么？是一个值得师生共同探讨的问题。史传文学精彩的笔法让读者心生快意，史传人物跌宕起伏的人生更让后来人在他们的人生遭际中感慨万千。一个完整的课程设计就像一件不着繁锦但是很有质感的衣服，教师便是一位设计师，带领学生穿针引线。学生读史传文学的过程，要深深浅浅感受到针法的变化，那种生动性才能了然于胸；学生还要在走走停停中感受拐弯处的走向，理解人生选择的截然不同。课程设计的自然贴切，思政内容不言自明。

四、结语

从课程思政的角度来看，并非是刻意在教学活动中将思想政治意识、价值理论等强行植入。而是在教学过程中巧妙结合，把史传人物和作者的生命生活和当下学生的真实体会相互碰撞，让知识走下神坛，走出教室，真正的化用在学生的学习和生活中，以史为鉴，指导当下和未来直面的困惑。

课程思政视域下的高中文言文教学尝试

——以《子路、曾皙、冉有、公西华侍坐》为例

耿英杰

一、引言

《高等学校课程思政建设指导纲要》指出："全面推进课程思政建设，就是要寓价值观引导于知识传授和能力培养之中，帮助学生塑造正确的世界观、人生观、价值观。"培养什么人、怎样培养人、为谁培养人是教育的根本问题，课程思政是落实立德树人根本目的有效形式。《普通高中语文课程标准》（2017年版2020年修订）也指出要"坚持立德树人，增强文化自信，充分发挥语文课程的育人功能"。由此可见，高中语文教学承担着义不容辞的育人责任，理应守好育人之渠、种好育人的责任田。

文言文教学是高中语文教学的重要组成部分，入选高中语文课本的文言文篇目大多是经典篇目，文章主题

涉及多方面，具有很高的文学价值和思想价值，承载着中华优秀传统文化，是良好的课程思政载体。语文教师要善于思考，结合高中语文学科核心素养，深入挖掘课内文言文的思政元素，在落实教学目标的过程中，引导学生树立正确的世界观、人生观和价值观，真正实现立德树人。

二、以《子路、曾皙、冉有、公西华侍坐》为例的课程思政教学尝试

（一）基于育人目的设定教学目标

《子路、曾皙、冉有、公西华侍坐》是部编版必修下册中的一篇文言文，此文以孔子与弟子"言志"为主线，体现了师徒五人的人生志向。《论语》中言及师徒之志的并非仅此一篇，但此篇的"言志"中涉及了社会理想、自我判断和为政之道等多方面的内容，文章中孔子探问学生的志向，四弟子各述其志，文章用寥寥数语，将师徒的神情态度、性格特点鲜明勾勒出来，兼具很高的审美价值和思想价值。据此，并结合高中语文学科核心素养，笔者设定本篇的教学目标如表1所示。

表1 《子路、曾皙、冉有、公西华侍坐》教学目标

目标	内容	对应的素养
知识目标	赏析文章语言特色，掌握文章通过语言、动作表现人物性格的写法	语言建构与运用 审美鉴赏与创造
	了解儒家的政治主张和孔子的教学方法	文化传承与理解
能力目标	能够比较分析子路、曾皙、冉有、公西华的性格、志向	思维发展与提升
	结合相关背景和儒家政治主张，能从"吾与点"出发探讨孔子的志向	文化传承与理解
素养目标	树立正确、健康的人生观和价值观，领会孔子及弟子的思想在当今社会中的现实意义，树立高远的理想志向，将个人理想与国家发展结合起来	思维发展与提升 文化传承与理解

基于以上教学目标，笔者进行本篇的教学实践，在教学过程中挖掘本篇相关的思政元素，引导学生自然而然地受到以下几方面的熏陶和感染：

（1）感受祖国语言文字的表现力，增进对文言文的美感体验，增强对祖国语言文字的热爱；

（2）感受孔子及弟子的个人志向与政治理想，增强对中华优秀传统文化的理解和热爱；

（3）将课内所学迁移到现实生活，理解"立志"的现实意义，树立高远理想志向，将个人成才和国家发展联系起来，将小我融入大我，实现个人价值。

（二）具体实践做法

1. 品味语言，加深热爱

文言文教学篇目是引导学生体味中华语言文字表现力和美感的良好载体，教师要善于针对教学篇目设置学习任务或相关问题，启发学生探究文章是如何通过文字表现人物、表情达意的，体味文字背后的蕴含，加深对中华语言文字的热爱。

《子路、曾皙、冉有、公西华侍坐》以"言志—述志—评志"为线索，记述了孔子师徒的谈话，反映了儒家的政治理想和治国理念。本篇语言简洁凝练，但于简洁之中却见真章。因此，在教学过程中可借助对语言的品味，引导学生感知文言文语言的特点和美感，增强对祖国语言文字的热爱。

本文通过富有个性的语言和生动简洁的动作神态描写，表现出各个人物的精神风貌和思想态度。在教学时可引导学生以小组为单位，体会文言文语言的特点和表现力，如表2、表3所示。

表2 弟子"述志"

人物	述志	性格	描写方法
子路	千乘之国，摄乎大国之间，加之以师旅，因之以饥馑；由也为之，比及三年，可使有勇，且知方也	有抱负，坦诚，性格较鲁莽，轻率，自负	神态、语言描写
冉有	方六七十，如五六十，求也为之，比及三年，可使足民。如其礼乐，以俟君子	谦虚谨慎，说话有分寸	语言描写
公西华	非曰能之，愿学焉。宗庙之事，如会同，端章甫，愿为小相焉	谦恭有礼，娴于辞令	语言描写
曾皙	莫春者，春服既成，冠者五六人，童子六七人，浴乎沂，风乎舞雩，咏而归	从容不迫，洒脱自在	动作、语言描写

表3 孔子"评志"

人物对象	孔子评志	孔子态度
子路	为国以礼，其言不让，是故哂之。	赞同其治国志向，但认为其不够谦虚
冉有	安见方六七十如五六十而非邦也者？	未正面评价，但能看出总体满意
公西华	宗庙会同，非诸侯而何？赤也为之小，孰能为之大？	赞同其治国志向，肯定其谦虚态度，但可惜他低估了自己的能力
曾皙	吾与点也！	认同，赞扬

　　学生通过合作完成以上两个表格，可梳理出描写师徒五人的语句并总结归纳出四个弟子的性格特点和孔子的评价，在此过程中，锻炼了学生的文字感知能力和理解能力，也有助于引导学生总结语言运用规律和特点，感受我国语

言文字的表现力，培养学生探究中华优秀传统文化的兴趣，树立文化自信。

2.延伸拓展，提升思维

教师想要实现学生的思维提升，实现更好的思政效果，在进行文言文教学中就不能就此篇论此篇，而要旁征博引，开拓学生思路，从而帮助学生加深对文言文的理解，体会中华优秀传统文化的核心理念和人文精神，提升思维的深刻性、敏捷性和灵活性，自觉认同并热爱中华优秀传统文化。

在《子路、曾皙、冉有、公西华侍坐》中，面对四位弟子之志，孔子表达"吾与点也"，但曾皙所言并非具体志向，而是一幅"沂水春风图"。因此引导学生理解此图景，进而解读"孔子之志"就成了本课思政突破的关键。

曾皙所描绘的春日图景闲适美好，是太平盛世的体现，联系之前所学的孔子礼乐治国思想进行思考就会发现二者是相契合的。孔子毕生所求即为和谐美好的社会，想要探究孔子之志更深层次的蕴含，就要联系其他资料进行理解了。

高中必读书目《论语》的《公冶长》篇中记载了一段子路和孔子的对话：

子路曰："愿闻子之志。"子曰："老者安之，朋友信之，少者怀之"。

孔子的描述与曾皙所描绘的"沂水春风图"有很多相似之处："沂水春风图"中的冠者和童子都怡然自得，闲适美好；孔子所说的"老者安之，朋友信之，少者怀之"中描绘的三类人——老者、朋友和少者，都各得其所。两段话都表现了人人安居乐业，从容悠闲的幸福生活图景。

进而，可引导学生继续思考——在学过的篇目中还有什么画面图景是与孔子师徒的图景相似的呢？通过对学生思维的拓展，可联系到欧阳修《醉翁亭记》中描绘的画面：

负者歌于途，行者休于树，前者呼，后者应，伛偻提携，往来而不绝者，滁人游也。

这幅画面中滁人各得其乐，和谐美好。《醉翁亭记》中的快乐有多个层次：乐的第一境界是禽鸟之乐；第二境界是山水之乐；最高境界，是太守的"乐其乐"，即与民同乐，换言之，太守的理想就是让人民快乐幸福，与孔子、曾皙描述中设想的理想社会理念一致。

通过对比三则材料，我们可得出结论：孔子、曾皙和欧阳修的志向都是让人民安居乐业、幸福生活，通过描绘每个人各得其乐的生活场景，体现自己想让社会和谐太平、人民安居乐业的志向，表达自己"治国平天下"的抱负。

通过三则材料的对比，学生的思维层次可得到一定程度的拓展，也能理解古代读书人以天下为己任的崇高信念，进而得到精神的熏陶和感召。

3.总结归纳，放眼现实

要想实现较好的思政效果，还要引导学生贯穿古今，联系当今现实和时事去加深对文言文的理解。

就《子路、曾皙、冉有、公西华侍坐》而言，教师可借助"孔子为什么赞同曾皙观点？"这一问题引导学生继续深入探究四位弟子的志向实质是在表达什么。

通览文章，会发现四位弟子所言之志其实有其内在层次：子路之志重在军事，他要让面临外患的国家实现"强兵"；冉有之志重点在"足民"，解决人民温饱，实现"富国"；公西华之志是成为掌管礼乐教化的司仪官，实现"文明"。前三个弟子分别针对的是不同的治国领域。而曾皙所言之志表面只是一幅春日图景，但其实恰恰点透了治国的根本目的，即改善人民的生活，使人民获得幸福感。

有了以上对文章的理解后，教师可适时联系我国社会的发展。我们国家在党的领导下一直致力于提高人民生活水平，不断满足人民日益增长的美好生活需要。近些年的努力有目共睹，无论是精准防控新冠疫情还是全面实现脱贫攻坚，都是使人民获得幸福感的有力证明。每一个大国的崛起都是为了小民的幸福，孔子喟然与点其实是在感叹曾皙的眼光更加长远，曾皙的眼中不只有自己和国家，还有每一个百姓。让每一个人都获得幸福和快乐，这才是儒家想要实现的终极目标，这也许就是孔子赞同曾皙观点的根本原因。

如此将教学篇目和当今社会联系起来，更有助于学生理解文章内容，也有助于引导学生感知党和国家的伟大，增强爱国之情、民族自豪感和自信心。

4.联系自身，结合专业

要想实现更好的育人效果，就要继续将思政落到小处和实处，引导学生联系自身所学加以感悟。

本课以"志"为线索，经过之前的引导和思考，教师可布置课后作业，让学生联系自身情况，思考自己的志向是什么，如何与国家的发展和人民幸福联系起来。这种落实到学生自身的思考，会更有针对性。可设置题目，如"如果你是孔子的弟子，当孔子问你'尔何如'的时候，你会如何回答？请写下来。"这种问题既能锻炼学生的书面表达能力，也能启发学生把小我融入祖国的大我、人民的大我之中，从而更好地实现人生价值，升华人生的境界。

此外，笔者所带学生所学为音乐舞蹈综合专业，所以笔者设计了一个与专业相结合的课后作业：

因为钟子期解得俞伯牙的弦外之音，才有了高山流水遇知音的美谈。作为音乐舞蹈综合专业的学生，对于音乐有更敏锐的感知，请大家结合对此文的理解，利用专业所长，试着做曾皙的知音，编一段侍坐时曾皙所弹奏的音乐，并填上歌词，并说明如此填词谱曲的原因。

这个作业可以将此课所学和学生专业结合起来，给了学生更大的发挥空间。学生在完成此作业的过程中，能够得到想象力、专业能力和文字表达能力等多方面的锻炼，在将所学付诸实践的过程中感悟中华优秀传统文化，更好地实现育人效果。

三、结语

在课程思政视域下开展文言文教学，能更好地体现语文教学的人文性，促使教师主动挖掘所教知识中的育人元素，探索更好的教学方式，达到更好的育人效果。文言文特有的文化背景和历史蕴含为高中语文与课程思政的结合提供了更多的可能性。语文教师应始终秉持"立德树人"的教育宗旨，持续探索育人的方式方法，在教学实践中为培养德智体美劳全面发展的社会主义建设者和接班人发挥应有的作用。

做有舞蹈职业特色的语文思政融合教学

——以《荷花舞》《黄河》舞蹈剧目为例

贾晓泽

一、引言

"要用好课堂教学这个主渠道，思想政治理论课要坚持在改进中加强，……使各类课程与思想政治理论课同向同行，形成协同效应。"这是习近平总书记在全国高校思想政治工作会议上所强调的，本着贯彻落实"坚持显性教育和隐性教育相统一"的要求，本文围绕立德树人的根本任务，将语文课堂教学与舞蹈专业剧目相融合，共同挖掘其中一致的思政元素，寻找职业教育与文化教育的密切连接点，提升舞蹈教育的审美内涵和文化底蕴，提高学生的学习兴趣与创新意识，并积极落实为党育人、为国育才的教育目标。

在大语文时代，语文学科兼具工具性与人文性的统一特征让其基础作用更加突出，初高中语文知识体系中包含着丰富而生动的人文形象和精神内涵，对其他文化课、专业课学习有着非常重要的影响。舞蹈专业的学生一定要学习和积累必要的人文知识，才能有效增强自身的舞蹈素养和舞台塑造能力以及对于舞蹈作品的理解和创造能力。北京舞蹈学院附中作为有舞蹈特色的职业中专教育学校，其优秀的舞蹈作品拥有浓厚的人文和思政价值，在北京舞蹈学院附中中国古典舞、中国民族民间舞蹈的传统剧目教学中，排演的大量剧目如《荷花舞》《木兰归》《黄河》等均受启发于初高中语文教材中的经典选篇，蕴含了优秀的中国传统文化，也具备非常独特的思政价值。因此，将语文学科与舞蹈专业相结合，共同发掘其思政元素，不仅能够实现习近平总书记强调的要坚持显性教育和隐性教育相统一，挖掘其他课程和教学方式中蕴含的思想政治教育资源，实现全员全程全方位育人的要求，也能够帮助中专舞蹈生提高自身的综合素质，突破传统理念的桎梏和藩篱，从而增强人文素质，坚定理想信念。

本文以《黄河》《荷花舞》这两部舞蹈剧目与语文经典篇目教学的思政元素的挖掘与融合思路为例，初步探究如何做有舞蹈职业特色的语文思政融合教学。

二、《荷花舞》与《爱莲说》思政融合

《荷花舞》是戴爱莲先生创作的经典剧目，是北京舞蹈学院附中中国舞专业二年级学生的必修课程，从1953年创作至今，该作品已被我校一代又一代的中国舞人学习、传跳。戴爱莲先生作为北京舞蹈学院的第一任校长，她受到"出淤泥而不染，濯清涟而不妖"这句话的启发，在新中国成立初期，为参加世界青年学生和平友谊联欢节，以陕北民间舞"走花灯"这一民间艺术为基础，创作了《荷花舞》。它展现了一群拟人化的荷花姑娘在舞台上以圆润流畅的舞步，徐缓移动，营造出涟漪层起的意境，塑造出亭亭玉立的高洁形象。在伴歌的陪衬下，用荷花的向阳开放比喻祖国的欣欣向荣的生活即将到来，无限深情地表达了戴爱莲先生对祖国新生的热爱和歌颂。

《荷花舞》以"荷花"这一中国传统花卉作为舞蹈意象，以周敦颐的"出淤泥而不染，濯清涟而不妖"为启发，具有厚重的文学内涵和文化力量，而中国古典舞蹈的审美意蕴植根在深厚的中华传统文化的沃土之中，中国古典舞蹈的精神气质和格调风韵从中华传统文化之中汲取营养，传承和传播中华优秀传统文化，舞出荷花高洁的形象特点，

这正是思政教育有力的抓手。

　　"荷花"的别称有"莲花""芙蕖""水芙蓉"等，自古以来就是文人墨客笔下的娇宠，"出淤泥而不染，濯清涟而不妖"咏叹名句选自北宋文学家周敦颐的《爱莲说》，这篇文章被选在部编版语文七年级下册的教材中，通过对莲的形象和品质的描写，歌颂了莲花坚贞高洁的品格，从而表现了作者洁身自爱的高洁人格，以及对追名逐利的世态的厌恶之情。文章分为两大部分，前一部分是对莲高洁的形象铺排描绘，后一部分则揭示了莲的喻义，并以莲自况，抒发了作者内心的真实情感。本文的主要教学目标是引导学生感知作者通过托物言志的手法对莲花描写和赞美，歌颂它出淤泥而不染的高贵品质以及对不慕名利、洁身自好的生活态度的追求。而《荷花舞》主要塑造出一群亭亭玉立、不染尘俗的高洁舞者形象。它是高贵清雅、美好情态的写照，同时象征着舞者对高洁理想和美好幸福的向往。这种"出淤泥而不染"的高贵品质正是中华传统文化中一颗璀璨的明珠，也是作为文艺工作者所应当追求的精神状态，这正是思政教育需要落实的重点。

　　笔者认为，北京舞蹈学院附中学子在中专阶段正处在树立人生价值、职业理想的关键成长时期，应当首先培养学生如荷之高洁的品格，助其成为一名高尚纯洁的文艺工作者。因此，在《爱莲说》的教学中，笔者将情感态度与价值观的思政目标与《荷花舞》剧目结合在一起，融合两者蕴含的思政元素，通过指导学生以舞姿来辅助理解、模仿荷花"中通外直、不蔓不枝、香远益清、亭亭净植，可远观而不可亵坑焉"的姿态，理解荷花"出淤泥而不染"的君子之德，从而在《荷花舞》剧目的演绎中呈现出不蔓不枝、不骄不躁、不媚不僵的表演状态，实现人与荷花的和谐统一。

荷花的高洁象征是中国优秀传统文化，中国优秀传统文化应当无声融合在教师的教学中进行弘扬，它是教育的灵魂，也是思政的重点。这种文化自信沉淀在学生的气韵和品格之中，融入塑形、塑魂之中，让学生获得坚持坚守的从容，鼓起奋发进取的勇气，焕发创新创造的活力。

三、《黄河颂》与《黄河》的思政统一

中国古典舞经典教学剧目《黄河》由张羽军、姚勇两位编导共同创作完成，首演时间为1988年，被评为"二十世纪经典剧目"，并传跳至今。因此，《黄河》作为经典的艺术作品和舞蹈教学剧目，对学生具有非常重要的学习意义。在作品《黄河》中，蕴含着优秀的历史文化和诗歌文

化，这与语文教学有着非常多的交叉点，也正是思政课程丰盈的教学资源。教师也应当将这些思政养分融入语文教学过程，实现教育的全方位覆盖，将隐性的语文文化内涵注入显性的舞蹈教育中。

为了指导学生充分理解"黄河"意象的象征意义，在学生学习该剧目之前，笔者为学生搜集了许多关于黄河的名句，帮助其理解"黄河"意象的发展过程。汉代以前，黄河仅用一个"河"字特指，东汉时期，著名的历史学家班固在《汉书》中最早使用了"黄河"一词，直到宋代，人们才普遍地称其为黄河。黄河因其特殊的形象被很多诗人广泛吟咏：最熟悉的如"白日依山尽，黄河入海流"；李白的"黄河之水天上来，奔流到海不复回"和王之涣的"黄河远上白云间"描绘的黄河是悠远神秘的神来之河；刘禹锡的"九曲黄河万里沙，浪淘风簸自天涯"将黄河的泥沙裹挟、奔腾不息展现得十分到位。这些高度凝练的黄河诗作准确地描绘了黄河的形象特征，不仅展示出诗人的观察力和想象力以及丰富的情感，也将昂扬的民族精神和博大的民族胸怀融合到其中。在舞蹈中，意象是带有情感符号象征性并具有精神内涵的艺术形象，且具有"'象'有尽而'意'无穷"和"观其象而玩其辞"两个主要特征。在《黄河》剧目排练中，我们也应当以黄河"意象"为启发依据，引导学生"意"的生发，即对生命的反思和对品格的塑造。老子在《道德经》中提到"上善若水"，用意象的转化告知我们做人应如水一样，会变通，会隐忍，也要会厚积薄发。所以在以"黄河水"意象作为思政启发的影射物时，要注重引导学生在柔和、刚硬以及劲力动作表达的背后隐藏的是品性上的坚韧、舒柔。从黄河的形象出发形成的舞蹈意象，在中国古典舞剧目教学中能够引导学生通过肢体的舞动达到心灵的洗礼、品德的认知与自省的高度，树立格物致知的学习态度。

舞蹈《黄河》第二乐章是《黄河大合唱》，《黄河大合唱》是著名诗人光未然（张光年）为配合音乐家冼星海创作的大型民族交响乐而写的组诗。这篇组诗通过作者创造的艺术形象反映现实斗争，激发全国人民的抗日热情，是抗战时期许多进步作家、艺术家的心愿。诗人光未然曾在1935年8月创作出歌词《五月的鲜花》，歌词写道："五月的鲜花开遍了原野，鲜花掩盖着志士的鲜血。为了挽救这垂危的民族，他们曾顽强地抗战不歇。"歌词经谱曲后广为传唱。1939年诗人到延安后，又创作了篇幅更长、规模更大的组诗《黄河大合唱》。《黄河大合唱》共有八个乐章，分别是《黄河船夫曲》《黄河颂》《黄河之水天上来》《黄水谣》《河边对口曲》《黄河怨》《保卫黄河》《怒吼吧！黄河》。诗中雄奇的想象与现实图景交织在一起，组成一幅壮阔的历史画卷，刻画出气势宏大的黄河形象，反映了中华民族英雄儿女团结抗战的真实场面。冼星海称赞它"充满美，充满写实、愤恨、悲壮的情绪，使一般没有渡过黄河的人和到过黄河的人都有同感。在歌词本身已尽量描写出数千年来的伟大黄河的历史了"，在中国的诗歌文化上，甚至可以说在中国文化史上将一种传统演变成固定的模式——以黄河来象征中华民族的文化、精神和民族的凝聚力，古往今来，黄河以其雄壮的气势，奔腾在中国大地上，滋养着一代又一代中华儿女。歌颂黄河就是歌颂我们伟大的中华民族。

其中，《黄河颂》这首诗被选在部编版语文七年级下册的教材中。在语文课堂《黄河颂》教学中，引导学生感受诗中的黄河形象，领悟黄河所凝聚着的中华民族的伟大精神，是情感态度与价值观教学目标的重要体现，也是思政元素的重要组成部分。笔者将诗歌教学与《黄河》剧目教学相结合，采取录像播放、诗歌朗诵、现场演绎等方式引导学生领略光未然所描述的"惊涛澎湃，掀起万丈狂澜；浊流宛转，结成九曲连环；从昆仑山下奔向黄海之边；把中原大地劈成南北两面"这样的壮阔景观，并且举办了小型的《黄河大合唱》诗歌朗诵会，将八个乐章的诗歌分配给小组学生进行配乐朗读，并进行重音、停连、语气、情感、节奏的朗读指导，用《我爱黄河》的诗歌朗读会激发学生追寻蕴藏在其中的巨大的民族感情，以及对民族的复兴和民族的未来的呼喊与回应。让学生一读到这样的浩瀚诗句，就会不自禁地联想到自己的民族和国家，这是文学象征的力量。而学生在舞蹈演绎中更能理解黄河的象征意义，在演绎"涮腰""盘手仰身"等以腰为核心的舞蹈动作元素的时候，能够准确运用中国古典舞身体语汇，并通过该动作突出黄河波涛骇浪的动势，承载了一代又一代的中华儿女为了民族事业勇于向前、不畏牺牲的精神气概。从而帮助学生建立一个舞蹈知识形象化的教育理念和一个合理的舞蹈艺术的知识结构，使学生迅速进入剧目所规定的情境和情感状态之中，并帮助学生展开符合作品内涵的合理想象与思考。中华民族的历史是如此辉煌，这个民族蕴含着如此丰富的精神内涵和巨大的潜能以及精神认同，不仅能够将学生培养成为一个会跳舞的人，还能够将学生培养成为一个有思想、有文化、有想象力、有共情力的舞蹈人。

四、结语

在北京舞蹈学院附中的传统教学剧目中，凝练着厚重的文化积淀、理想情怀与育人内涵，笔者通过中国古典舞剧目与语文教材中的经典篇目相融合的教学实践，使蕴含在两者中的"思政基因"得以激活，以情感态度和价值观的教学目标的落实，勾连舞蹈剧目的课程思政元素来提升学生在专业领域的艺术文化追求，引导学生对语文产生浓厚的兴趣，提升自己的人文价值，培养自己的综合能力，从而践行以课程思政为目标的教学转变，在坚持立德树人为根本任务的宗旨上，落实"为谁培养人、培养什么人、怎样培养人"的问题。

有形和短暂 vs 无形和长久

——英语课堂的思政教学与师德导向

李 剑

一、引言

爱因斯坦有一句关于教育的名言：Education is what remains after forgetting all you have learned in school. 直译为：教育是人们忘记了所有上学时所学知识之后存留的东西。这句话说明教师对学生的影响有两个阶段，或者说有两个层面：一是传授知识能力的阶段和层面，二是影响情感态度的阶段和层面。通常来说，前者是可见的但很可能是短暂的，而后者是无形的却可能是长久的，也是能够使学生受益最大的。

英语课的性质决定了传授语言知识是教学最主要的目标，可是，在没有语言环境和使用需要的情况下，外语知识是最容易被遗忘的知识类型。因此，作为英语教师，在传授知识的同时，努力争取对学生产生更长久的正向和积

极的影响就显得尤为重要。本文力图通过高中英语课本中
关于"教育的目标"这个话题的一节听力课教学，展开对
课堂思政的思考。希望通过这样的思考，能够对自己多年
来从教的心得和近年来的课堂思政教育的实践有一个梳理
和总结。

二、一节高中英语听力课的教学内容

北师大版高中英语教材的选择性必修二第五单元的主
题是教育，整个单元对这个主题展开的内容非常丰富，教
师在授课时可以引导学生认识受教育的目的，体会教师在
教育中的重要作用，并启发学生共同探索认识有关教育的
相关内容，是有助于教学相长的主题。

单元内容如下：

Topic Talk：Education（教育的定义）

Lesson 1：Enlightening the mind：The story of Helen
Keller.（启迪心灵：海伦·凯勒非凡的成长经历）

Lesson 2：Three Main Objectives of Education（教育的三
个主要目标）

Lesson 3：Understanding（领悟）

Viewing Workshop（视频内容）：Montessori Education

（蒙台梭利教育法）

Reading club（阅读俱乐部）：

1. From slates to tablets（从黑板到平板）

2. Maria Montessori（玛利娅·蒙台梭利）

其中第二课教育的三个主要目标，属于语言输入的听力课型，可分两课时授课，包括相关语言素材的学习和听力材料的高考题型化处理。以下是一课时的相关教学素材和流程的说明。

（一）第一部分：听读理解

听力材料是一段访谈节目的录音，探讨的主题是教育的意义和主要目标，首先通过提问让学生对教育的话题初步思考，根据材料的第一部分了解教育的定义：

Good afternoon, everyone. In today's lecture, we'll be discussing education. The questions we often ask about education are: What is education? And what are the main objectives for students to receive education?

Well, what is education? Education comes from the Latin for "to lead". So, when you are educated you are led from one place to another, including physical, moral, mental or academic. It is a process of facilitating learning or the acquisition of knowledge, skills, values, attitudes and habits.

（大家下午好。在今天的讲座中，我们将讨论教育问题。关于教育，我们经常问的问题是：什么是教育？学生接受教育的主要目的是什么？

那么，什么是教育？教育来源于拉丁语，意为"引导"。所以，当你受教育时，你被从一个地方带到另一个地方，包括身体、道德、精神或学术。教育是一个促进学习或获得知识、技能、价值观、态度和习惯的过程。）

读后能够回答问题"什么是教育？"即可。What is education? It is a process of facilitating learning or the acquisition of knowledge, skills, values, attitudes and habits.（什么是教育？教育是一个促进学习或获得知识、技能、价值观、态度和习惯的过程。）

（二）第二部分：听记信息

听力材料的第二部分主要是回答第二个问题：教育的三个主要目标是什么？以下是听力文本内容的中英文呈现（见表1）。

表1　选择性必修二第五单元 Lesson 2 听力文本内容

Education has three main objects. Firstly, it is to gain knowledge. Certain kinds of knowledge are necessary not only to pursue certain careers but also to contribute to the world. For example, we need to learn math to understand finance and economics; we need to be able to read so that we are able to communicate and expose ourselves to new things. Besides, education provides another deeper kind of knowledge, which lets us understand how the surrounding world works. It gives us insights into how people think and the attitude we need in order to understand people of different cultures.	教育有三个主要目标。第一，获取知识。某些知识不仅对从事某些职业是必要的，而且对为社会作出贡献也是必要的。例如，我们需要学习数学来理解金融和经济，我们需要学习阅读来交流和接触新事物。此外，教育提供了另一种更深层次的知识，让我们了解周围的世界是如何运作的。它让我们深入了解人们的思维方式，让我们树立正确的态度，以便理解不同文化背景的人们。
Secondly, education goes beyond knowledge. It prepares individuals for a well-rounded life in society. In other words, it provides learners with the tools to develop skills to think for themselves and to continue learning throughout their lives. For example, education can help individuals develop critical thinking skills, which will prevent them from following uncritically traditional ways and will enable them to act based on judgment.	第二，教育超越了知识。它为个人在社会中的全面生活作准备。换句话说，它为学习者提供了发展技能的工具，使他们能够独立思考，并在他们的一生中继续学习。例如，教育可以帮助个人发展批判性思维能力，这将防止他们不加批判地遵循传统的方式，并将使他们能够根据自己的判断来做事。
Thirdly, education establishes core values and prepares you for social life. It helps you to understand what is wrong and what is right, explore the truth and develop cognition regardless of whether it is easy or what others' opinions are; it also helps you learn how to interact with other people in a civil manner regardless of nationality, race or class. It makes people behave with integrity regardless of background and circumstances. Therefore, there will be more critical, kind, honest and truthful citizens in society.	第三，教育建立核心价值观，为你的社会生活做好准备。它帮助你明白什么是错的，什么是对的，帮助你探索真理，发展认知，不管它是否容易，也不管别人的意见是什么。它还可以帮助你学习如何用文明的方式与其他人互动，不管是何种国籍，种族或阶层。它使人们无论背景和环境如何都表现出正直的行为。因此，社会上就会有更多具有批判性的、善良诚实的公民。

在听完这部分内容后，学生要依据下面的表格把缺失的关键信息记录下来（见表2），熟悉词汇含义和拼写，同时理解文本内容，这也是北京高考英语听说考试中考查的能力，是需要强化训练的项目。

表2 "教育的三个主要目标"补全信息

To *gain* knowledge 获取知识	Provide knowledge necessary not only to *pursue certain careers* but also to contribute to the world. Let us understand how the *surrounding world* works. Give us insights into how people think and the attitude we need in order to *understand people of different cultures*.
To prepare individuals for a *well-rounded* life in society 个人成长：为预备全面进入社会生活做好准备	Provide learners with the tools to develop skills to think for themselves and to *continue learning* throughout their lives. Help individuals develop *critical thinking skills*.
To *establish* core values and prepare you for *society*. 建立核心价值观，成为服务社会的人才	Help to understand what is wrong and what is *right*. Help to explore *the truth and develop cognition*. Help to learn how to *interact* with other people in a civil manner. Make people *behave* with integrity. Enable learners to establish *the right values*, as well as to form *good habits*.

信息填充完成后，根据记录内容回答并讲解三个主要目标的内容，最终能够归纳总结表格左列所记录的信息，明确受教育的三大目标：获取知识；个人成长；建立核心价值观。

（三）第三部分：表达训练

听力文本的最后一段进行了全面的概括，作为听力输出的内容，可以要求学生进行背记或复述训练，这也是根据高考听说的项目设置的。

In conclusion, education is important not only because it facilitates individual development but also promotes social and national development. Referring back to the definition provided at the very beginning, education facilitates the development of an individual physically, mentally, morally and academically so that the individual can make effective contributions to social development.

（总之，教育之所以重要，不仅是因为它促进个人发展，还因为它促进社会和国家发展。回到开始时的定义，教育促进个人在身体、精神、道德和学业上的发展，使个人能够对社会发展作出有效的贡献。）

三、关于英语课堂思政的几点思考

以上是北师大版高中英语教材改版后新呈现的内容，笔者在备课、授课过程中有不少触动。首先，新的教材在知识性和思想性上已经有了很好的融合体现，教师需要做的不是寻找思政点，而是探索有效融合的路径，也就是研究更好的教学方法来使思政教育不刻意，又有意义；其次，现有教材给定了思政的基础，并不意味着老师可以满足于教材内容，而是更要调动主动性，去探究延伸的角度、程度，强化知识与思政的落实效果；最后，在已有教学内容的基础上挖掘能够体现正向价值的思政内容对学生加以引导、影响当然很重要，但更重要的是教师在教学实践过程中要不断自我反思，使得自己的教育行为能够体现教育的真正价值和意义，也就是教师首先要不断提升自身的修养，才能更好落实教育的责任。

这堂听力课的教学，让笔者更加深刻地感受到以上三个方面的重要性，尤其是最后一点，也是容易被忽略的一点。教材所揭示的教育的三个目标恰恰印证了笔者最近在课堂思政上关于教师应当关注自身成长的一些思考：在这个飞速发展的时代背景下，为了培养认真学习文化知识，重视个人成长和品学兼优的学生，教师就要做到不断学习和完善自我，追求德才兼备，只有这样，教师才能够与学生教学相长，真正达成这样的教学目标。下面分别从获取知识、个人成长和建立核心价值观三个方面，简要梳理一下笔者关于教师德行与课堂思政的相关认识。

（一）不断提升自身的专业能力和素养

学无止境。

从学生获取知识的目标来说，教师的专业知识储备和输出知识的能力都是至关重要的。教师的专业能力常常是与自身的学习能力和学习意愿紧密联系的，英语教师的能力更是不进则退的，所以能否在专业上保持水准是教师是否爱岗敬业的一种体现。如果教师不能让学生感受到自己对专业的热爱和执着，那么课堂思政就是一种奢谈。专业能力决定了课堂授课的质量和教师授课的状态，而专业素养则决定了教师因材施教的能力和激发学生学习兴趣的热情。教师这个职业注定要不断地学习，特别是在互联网时代，否则无法胜任教授新生代的学生。教师授课的风格不同，班级的班风也各不相同，就好像具有不同性格和价值观的人，还可能会遇到个性非常特别的学生，这些都是值得教师去认真应对的挑战。

（二）努力营造师生积极互动的教学生态

教育不是为生活作准备，教育就是生活本身。

人们常常用树苗的生长比喻学生的成长，自然生态环境对于生物的生存至关重要，教学生态对于学生的成长也极其重要。师生关系是教学生态中最重要的因素，如果教师和学生之间只是契约关系，那就没有教育可言。教育是一种唤醒，是对个体内在的唤醒，好的教师一定要有发现学生闪光点的慧眼，并且能和学生产生真正的互动，这样的互动是学生努力学习的一种驱动力。缺少了师生互动，教师完全可以用人工智能取代。作为一名英语老师，我一直在不断要求自己调整课堂态度，强化与学生的交流。外语学习如果只是单纯的知识传授，那么对外语学习不感兴趣或感到困难的学生来说，老师就是一种乏味又无奈的存在。所以教师在课堂上最基本的目标就是要做到：即使最不擅长学英语的学生也不会因为老师的态度而放弃努力，同时还能在课堂上有所收获。因为多年的教学经验让我体会到：教师的教学态度其实和教学能力同样重要，优秀的教学可以让学生对所学内容产生兴趣，而正确的教学态度意味着教师对不同学习能力和性格的学生的接纳。这种态度能够建立一种美好的师生关系：接纳、理解、互动、相长。

真诚、耐心和关爱是教育的灵魂。

课堂之外，教师和学生之间的交流也是一种非常重要的教学生态，青春期学生常会有比较困扰的问题，有时老师需要利用课余时间与其沟通，而令学生信赖的教师对学生的心理关照其实是课堂教学的补充和延续，这样的师生交流对课堂思政教育是最有力的辅助。

（三）只有言传身教才能立德树人

亚里士多德说："只教育头脑而不教育心灵根本就不是教育。"

心灵教育其实就是价值观的形成教学，从中国传统的仁、义、礼、智、信到目前的社会主义核心价值观——富强、民主、文明、和谐、自由、平等、公正、法治、爱国、敬业、诚信、友善，都是中华民族优秀价值观的传承。中国传统教育一直都认同言传身教的重要性。一言一行皆为师范，课堂上的所有活动都是教育，教师的一言一行其实都是思政教育，是以人格魅力引导和教育学生的最高境界。从教多年后，我最喜欢和学生分享的一句话就是：态度决定一切。我们常常说要端正学习态度，人生态度当然是更重要的态度，学艺先学做人说的就是这个道理。所以教师首先要有立得住的人生态度——积极乐观，耐心细致，求真务实，知行合一，唯有如此才有可能潜移默化地把美好的人生观和价值观传递给学生，也才能如春风化雨一样滋润培育学生的心灵渐渐成长。

四、结语

　　教育的目的不仅是教给学生知识和谋生的技能，更重要的是针对学生的情感和认知需求，培养健全的人格，使其各方面均衡发展。真正的教育能够使学习者发现他自己的独特品质，并意识到自身的社会价值。2018年9月10日，全国教育大会在北京召开，习近平总书记在全国教育大会上强调，全面贯彻党的教育方针，坚持马克思主义指导地位，坚持中国特色社会主义教育发展道路，培养德智体美劳全面发展的社会主义建设者和接班人。

　　2021年4月19日，习近平总书记在考察清华大学时发表了重要讲话，提出教师要成为大先生，做学生为学、为事、为人的示范，促进学生成长为全面发展的人。这个要求的核心其实就是要把立德树人作为根本任务。北京舞蹈学院附中学生正处于世界观、人生观、价值观形成的关键时期，他们的人生态度不仅关系到个人的发展，更关系到舞蹈艺术事业的健康发展。教师要成为学生成长路上的引导者，课堂思政很重要，教师队伍的师德师风更重要。

　　教师被称为"人类灵魂的工程师"，这个称谓说明了教师在培育心灵上的重要性，这样一个美好的称谓对于每位教师都是一种职业生涯的终极挑战。理想的境界是要去追求的，教师要一直努力争取评上这样的"高级职称"。在中国古代，教师虽被人称为先生，而只有人格、才华、品行堪称大者，能作为世人的表率和示范，才会被称为大先生，也只有认认真真教学，踏踏实实树人的教师才有可能成为大先生。传授知识技能，培养思维品质，建立核心价值观，是教师用脑、用心、有德才能真正完成的光荣使命。

英语课堂思政教学活动初探

蔡春梅

一、引言

习近平总书记在2018年全国教育大会上指出，培养什么人，是教育的首要问题。因此对于英语教学，教师首先要考虑的是如何通过教学，使学生成为国家期望、社会期待的有用人才。这就要求英语教师根据《普通高中英语课程标准》（2020年修订版）的要求，在教学实践中落实实施教学理念、进行教学设计的指导原则。课标在前言部分指出，结合学生年龄特点和学科特征，课程内容落实习近平新时代中国特色社会主义思想，有机融入社会主义核心价值观，中华优秀传统文化、革命文化和社会主义先进文化教育内容[①]。因此，在英语课堂上可以把思政与教学有机结合起来开展课堂思政教学。

---

① 中华人民共和国教育部：《普通高中英语课程标准（2017年版2020年修订）》，人民教育出版社2020年版，前言。

二、课堂思政专家指导

开展思政教学活动前，我校的英语教师认真聆听了芭蕾专家蒋祖慧和英语教授郭庆民两位专家的讲座，这对我们开展课堂思政教学有重要的指导意义。

（一）芭蕾专家蒋祖慧

蒋祖慧是芭蕾红色经典舞剧《红色娘子军》第一代编导，是三大主创编导之一。他们在周总理的倡议下，选择用国际舞蹈语言芭蕾舞讲中国人自己的经典故事，因此他们从改编电影《红色娘子军》开始创作。这也使得《红色娘子军》这部芭蕾舞剧，成为中国芭蕾舞原创道路上里程碑式的作品。

通过这次讲座我们了解到，编创导演们亲自到海南岛搜寻当年琼崖纵队的生活足迹，探寻主人公吴琼花苦大仇深的经历。这些编导编创的过程也体现出中国革命的大无畏精神，他们通过《红色娘子军》的芭蕾舞表演深切缅怀先烈，在舞蹈中实践思政教育，这对观看的学生、大众都是一次沉浸式的学习。这次讲座也激发了英语教师运用教学工具——英语语汇，指导学生用他们的舞蹈去体会语言、体验中国文化的魅力。

（二）英语教授郭庆民

对于还没有机会跳中央芭蕾舞团红色经典剧目的芭蕾舞专业同学，对于国标、音综等非芭蕾舞专业的同学，我们怎样调动他们的积极性去运用英语展示中国文化的魅力呢？中国人民大学外国语学院的郭庆民教授为北京舞蹈学院附中英语组教师进行了一次英语思政课讲座。

郭庆民教授指出，要在北京舞蹈学院附中初高中阶段的英语课上，用西方的语言讲中国人的事情其实也不难。通过短短的学习，我们英语教师明白了，其实思政教学是一种理念。不是让英语教师把国家主导思想翻译成英文念给学生听，而是要教师通过教学设计把英语与学生所学的专业内容有机结合，通过课堂的每个教学环节，不断渗透，目的是促进学生热爱本专业，积极主动地运用英语介绍自己的专业、介绍中国的文化，在运用语言的过程中，既提高了对自己专业的认识，又增加了对英语学习的兴趣，这对于英语课堂来说就是真正的思政教学。

三、课堂思政设计

聆听完专家的指导，着手进行课堂思政教学活动设计。

习近平总书记在2018年全国教育大会上指出，要把立德树人融入思想道德教育、文化知识教育、社会实践教育各环节，贯穿基础教育、职业教育、高等教育各领域，学科体系、教学体系、教材体系、管理体系要围绕这个目标来设计，教师要围绕这个目标来教，学生要围绕这个目标来学。因此，根据我校中职艺术生的特点，英语课堂思政教学活动可以与学生的专业技能相结合。

《普通高中英语课程标准》（2020年修订版）在第一章"课程性质和基本理念"中指出，教师应设计具有综合性、关联性和实践性特点的英语学习活动，使学生通过学习理解、应用实践、迁移创新等把语言、文化、思维融为一体的活动，提高英语学习能力和运用能力。因此，英语课堂思政教学活动可以围绕促进学生运用语言的同时，也渗透和传承我们的中华文化，把两者有机结合起来，这是英语教学设计和活动应该主要遵循的一个原则和指导理念，也是英语课堂思政教学活动的指导。

四、课堂思政教学活动实施

根据以上的设计指导，笔者设计的英语活动是要求初三班级三个不同专业——芭蕾舞、国标舞、音乐舞蹈综合专业的同学们结合自身的专业特点，为北京冬奥会制作英文宣传片，然后在课堂上播放自己的作品，和合作的同学一起讲述创作过程和活动心得。

（一）活动目的

此次活动不仅是要借助这个活动促进学生运用英语、结合专业，进一步了解冬奥会中的中国文化特色，也是希望学生通过录制视频，学习应用现代技术，提高自己的综合能力。《普通高中英语课程标准》（2020年修订版）中就指出，普通高中英语课程应重视现代信息技术背景下教学模式和学习方式的变革，充分利用信息技术，促进信息技术与课程教学的深度融合，根据信息化环境下英语学习的特点，科学地组织和开展线上线下混合式教学，丰富课程资源，拓展学习渠道。这不仅是课标的要求，也是社会对新时代学生的要求，同时也是课程思政的一个内容指向。

（二）活动准备

笔者在2021年11月要求参加此项活动的三个班的同学以宿舍为单位，合作完成一个时长在2分钟以内的北京冬奥会英文宣传片，视频内要有每位合作同学的英文录音，要突出自己专业的特点来为北京冬奥会作宣传。当时北京作为双奥之城即将在90天后举办2022年冬季奥运会。由于全球各国都在积极对抗新冠疫情，中国这次没有对外开放观众门票，但北京冬奥会这个大型赛事也必将是2022年世界上最受人瞩目的运动会。作为中国人，我们需要让全世界看到中国场馆的风格、中国运动员的实力以及中国人民对国家举办奥运赛事的支持和热情。因此，在2021年北京冬奥会倒计时阶段，让不同专业的学生结合自己的专业，运用英语制作一个英文宣传片，展示北京冬奥会的魅力，不仅能够实践英语能力，同时也能引导学生关注国家大事、心怀爱国之情。录制宣传片的过程，能促进学生查阅更多的关于冬奥会资料、素材，主动去了解冬奥会。同时，结合他们自己的专业，这样有助于激发学生完成任务的积极性，在主动学习过程中展示专业、运用英语、宣传冬奥、提高技术。这个过程体现了老师通过英语活动开展对学生的思政教学的教学意图。

在学生合作活动开始前，笔者首先在课堂上通过图片带学生学习了北京冬奥会、冬残奥会、奖牌、口号、吉祥物、纪念徽章等的英文表达；了解冬奥会物品中体现的中国文化元素和文化内涵，增强学生们中国文化的自豪感。之后，还播放了北京冬奥会倒计时300天、100天的官方英文宣传片和冬奥会歌曲宣传片，让学生们观看官方视频，了解宣传片的制作模式。

（三）活动展示

一个月后，芭蕾舞、国标舞和音乐舞蹈综合这三个专业的学生都积极提交了自己的视频作品。在英语课堂上，老师逐一播放了全班同学的作品。视频中有芭蕾大跳、国标的双人舞以及音综的钢琴演奏奥运会主题歌等。在同学们制作的宣传片中，虽然没有他们自己在冰雪场地上驰骋的片段，但却展示了他们平日专业训练的艰辛，他们这些专业训练精神和冬奥健儿的体育精神是一致的，也是符合奥林匹克精神——更快更高更强更团结的内涵的。视频展示后，老师还请几组制作精良的团体代表，到讲台上给全班分享他们的设计初衷、创作编辑视频的过程等。从同学们的发言中能感受到他们对这个活动的用心投入，对自己专业的热爱，以及他们对现代技术的应用能力，更能看出他们对北京冬奥文化有了更多更深入的了解。

（四）活动收获

活动后通过调查问卷以及主创选手谈视频制作过程可以看出，同学们非常喜欢这种英语与专业相结合的形式。很多同学在问卷中写道，通过这次活动，更加全面了解了北京冬奥会的相关内容，认识了更多的冰雪项目，还表示会因为这次活动更加关注北京冬奥赛事。

2022年2月，习近平主席在设宴欢迎出席北京2022年冬奥会开幕式的国际贵宾时讲道："我们应该弘扬奥林匹克运动精神，团结应对国际社会共同挑战，践行真正的多边主义，共同建设和谐合作的国际大家庭。"通过同学们展示的这些视频能看出，我校中职艺术生对自己专业的投入和付出正是体现了这种奥运的拼搏精神。

（五）活动反思

通过观看各专业同学录制的宣传片，发现两个比较普遍的问题。首先，部分同学录制的视频作品中，过多展示了自己的专业训练镜头，只用了少量的英文台词，甚至有的用中文台词来描述自己的专业动作，没有达到运用英语的目的。其次，有些同学的视频作品中，英文台词发音不够标准，错误较多。以上视频中出现的问题都一定程度影响了英文宣传片的效果，也没有达到活动之初的设计目的。通过反思，教师今后再布置类似的英文活动时，会提前准备好几句英文台词，先进行朗读、翻译，做好示范工作。并且会对视频中出现的英文台词比例，进行明确要求。最后，会要求同学们把要录制的英文台词先读给教师听，由教师纠正其发音。这样的改进可以保证学生视频任务的有效进行，从而更好地达到活动的最终目的。

五、结语

通过这次英语课堂思政教学活动，笔者看到了学生们对英语的热情，看到了他们对自己本专业的热爱，这是英语运用与学生专业有机结合的首次尝试，虽然还有很多活动设计细节需要改进，但笔者对课堂思政教学有了实践的经验和信心，今后还会根据课本主题、中国传统文化等内容，努力为学生设计更多可以结合专业、讲解展示中国文化的活动。多为学生设计和提供他们感兴趣的语言实践机会，通过英语活动促进学生提高英语学习的兴趣和能力，把英语课堂与思政教学更好地融合在一起。

课程思政理念在中等职业艺术教育英语教学中的实践

——以北京舞蹈学院附中中国舞及音乐舞蹈综合专业为例

赵　曦

一、引言

在深入学习贯彻习近平总书记在全国高校思想政治工作会议上的重要讲话精神过程中，北京舞蹈学院附中教师结合艺术类舞蹈专业教育的特殊性，将课程思政理念融入教学过程，与思政课程相结合，形成协同效应，旨在增强思想政治教育合力，提高艺术类职业教育领域的育人效率。

基于此种倡导，本校英语教研室围绕如何在英语教学中开展思政课堂教学，接受了来自人民大学外国语学院郭庆民教授的相关培训。与此同时，教师们也持续分组分年级探索如何因材施教地选取教学素材，将思政课题更自然地融入教学环节。

基于上述在课程思政教学选材及实施方案等方面的理论学习，笔者也进行了将课程思政理念融入教学过程的大量探索和试验，在所任教的高一年级中国舞专业和音乐舞蹈综合专业（下文简称音综），基于其课程设置、课时量、培养方向等方面的差异，结合其不同的专业特征，尝试了不同的课程思政实施方案。具体做法将分专业陈述。

二、中国舞专业2018级

中国舞专业的学生，需要从中等职业教育阶段起，建立对中国传统文化，尤其是传统舞蹈文化的深入认识，并培养其在中国传统舞蹈领域的研究心态，而这通常被认为是更容易在语文课堂中培养和建立的素质。但是，当我们翻开新版高中英语必修模块（北师大版），应该不难发现，每一个单元都有可以与上述培养目标相结合的教学素材。基于这些可延展的实操要点，笔者在教学中进行了以下尝试：

在必修第一册一单元中，围绕有关"网络与学习"的话题，结合该班学生在高一年级民间舞课堂上的学习要点之一——朝鲜舞，笔者通过联网多媒体，向学生演示了如何在所学的英语词汇范围内，利用英语搜索引擎，选取恰当的英语关键词，如长鼓舞、双扇舞、太平舞等，检索朝鲜民族传统舞蹈分类和剧目的英语文字介绍及表演视频的实操过程。

不仅如此，通过对所检索到的英义介绍进行简单讲解，以及对所拣选的部分典型剧目视频进行赏析，笔者试图帮助该班学生了解：朝鲜民族传统舞蹈，因为受到日本侵略战争和抗美援朝战争的影响，形成了三大地域（中国延边朝鲜族自治州、朝鲜民主主义人民共和国及大韩民国）的三种不同表演风格和流派。借此，笔者期望帮助他们尽早摆脱"对着镜子模仿""人云亦云"的单线性思维方式，自觉建立起从地域与历史中去探寻舞蹈形态发生、发展原因的艺术研究思维。

另外，必修第一册二单元的"运动"和"武术"话题与中国舞基础训练课和中国古典舞身韵训练课有很好的结合点；部分文本素材还涉及了一项驰名中外的中国传统武术项目——太极拳。因此，在学完相关课文之后，笔者为学生开展了用所学英语词汇和句库介绍太极拳的语言实践：带领学生以口语造句形式，为太极拳下定义，进行历史和常规功能的简单描述，并介绍太极拳与中国古典舞身韵课之间的共同点。因为这一话题与中国舞专业的学习和实践紧密相关，于是该班学生展现了较为理想的投入度。几乎所有学生都在积极参与，用亲身实践深入学习了如何用英语全面介绍一项自己熟悉的中国传统艺术门类。口语练习之后，笔者又给出一篇关于太极拳的经典范文，通过对比学生创作的文本和范文之间的差距，帮助他们发现自己在语言运用中存在的问题，并浅显了解对所学舞种或剧目进行科学描述的方法。

再如，必修第一册三单元涉及"春节"和"团聚"的话题。在完成课文讲授之后，笔者引入一则《中国日报》（China Daily）制作的英语短片 Festive China:Spring Festival（中国节日：春节）。在这里需要特别提及，由《中国日报》推出的 Festive China 系列短视频，包含了对几乎所有中国传统节庆活动的生动介绍，其本身便是在国务院颁发《关于实施中华优秀传统传承发展工程的意见》文件之后，《中国日报》（海外版）旨在向世界传播中国文化，展现大国文化自信的重要举措。笔者通过引入这一视频，带领学生观赏、讨论，并进行语法分析和讲解，旨在用轻松有趣的课堂教学方式，打破过往英语教材大量介绍西方文化的局面，从而引导这群曾经热衷于过"洋节"的学生，回归本民族文化，重视对中国传统文化的学习，增强文化认同感，建立文化自信，培养学生成为有使命感的中国舞蹈人。

三、音综专业2018级

音综专业创立于2010年9月，是我校与中央音乐学院下属音乐教育学院合作创办的试点专业。该专业的教育模式是跨文化的。例如，在音乐教育方面：其6年的训练是建立在西方三大音乐教育体系与传承中国经典民歌民乐的使命相结合的"素质型学校音乐教育新体系"基础之上的；在舞蹈训练方面：基于中国舞训练模式的同时，学生也接受西方现代舞体系的训练。可见该专业毕业生需兼具文化交流和文化传承的素养。

然而，外向型艺术专业的学生，在学习西方文化的过程中，其所面临的文化失语和文化认同危机感会更严重。其所思，必受其所学意识形态所带来的潜移默化的影响。因此，在音综专业英语课程思政探索中，笔者尝试了一条与中国舞专业截然不同的思政之路。中国舞专业通过延伸课堂与专业学习相结合，探讨中国传统艺术的方式。音综专业的课程思政贯穿整个文本讲授过程的点点滴滴之中，力求在化有形为无形的授课方式中，帮助学生建立正确的世界观、人生观和价值观。

例如，在必修第一册二单元提到"体育精神"的部分，笔者引入由TED-Edu制作的*How Playing Sports Benefits Your Body and Your Brain*（运动对你的身体和大脑的益处如何）短视频听记练习。在思政课堂中，笔者一方面强调论述和思辨的科学方法，另一方面则是通过文本讲授，反复提示和暗示参与集体性体育活动，在塑造社会性人格方面（集体主义、互帮互助、共生共存）的重要意义。

又如，在必修第二册三单元《爱丽丝梦游仙境》文学导赏中，笔者为学生补充来自《看听学3》中的课文"Lewis Carroll"，以及来自BBC的纪录片*The Secret World of Lewis Carroll*（刘易斯·卡罗尔的秘密世界）的前15分钟（无字幕）。通过文本和视频观摩方式，介绍Lewis Carroll创作《爱丽丝梦游仙境》及《镜中梦》这两部旷世儿童文学名著的时代背景和动因，帮助他们从看似荒诞无奇的现象背后，探究其深邃的社会根源，并引导他们将相似的思维方式，运用到高中语文课堂的文学赏析核心作品、中国古典文学名著的学习中。

四、结语

笔者在北京舞蹈学院附中执教已有20余年，在课程思政理念提出之前，早已深刻意识到在中等职业艺术院校开展课程思政教育的重要性。在此类学校就读的年轻学生，受专业训练的影响，其文化课学习的课时基数远小于普通中学，其对文化课学习的重视程度也相对有限。在较长时间里，文化课学习仅仅是为了拿到能帮助他们进入某一目标艺术类高等学府的高考分数而已。

在如此环境下成长起来的艺术专业学生，在进入这个利欲诱惑剧增的网络时代之后，难免因其教育的缺失、三观的不健全而滋生艺德不配位的行为和做派。在这几年里，我们已目睹若干起艺人因失德失足而触及社会道德底线，甚至违反相关法律法规的案例，这些事实无时无刻不提醒我们，作为中等职业艺术院校文化课教师，要更好地肩负起"思政"重任。路漫漫，其修远兮！

因此，笔者视本次英语教研组课程思政课题研究小组的探索实验为一个积极的开端，并将继续在英语这一外国语言的教学中，融入从个人修养到人间关爱，从社会进步到国家发展，从多元文化到美美与共等各方面思政话题，培养学生既立足于宏大的世界舞台，又具备细微的洞察力和缜密的逻辑思辨力，帮助他们成为兼具国际视野和家国情怀的优秀艺术人才！

基于课程思政的中职英语教学

——以北师大版选择性必修第一册第二单元 "成功"为例

黄定明

一、引言

思政是指思想政治教育，是培养学生思想道德素质和政治素养的重要内容。课堂思政是指在课堂教学中，通过思想政治教育的方式，引导学生树立正确的世界观、人生观和价值观，培养学生的思想品德和社会责任感。通过课堂思政，可以帮助学生更好地理解和应对社会现实，提高他们的综合素质和创新能力，培养他们成为具有高度思想觉悟和社会责任感的新时代人才。

在中职英语课堂中，我们希望通过英语这门学科的学习，帮助学生了解国家的政治制度和法律法规，提高学生的法治意识和公民意识，更进一步让学生了解国际社会的发展和变化，了解不同文化和价值观念，培养学生的国际视野和全球意识。在具体的英语教学中，可以通过阅读、

听力、口语、写作等多种方式，引导学生思考社会问题和
价值观念，培养学生的思辨能力和创新精神。

二、以北师大版选择性必修第一册第二单元为例的课程思政英语教学

北师大版英语新教材（2019），语篇题材覆盖面广，教育
理念先进，思政元素丰富。本文以选择性必修第一册第二单元
"成功"为例，从教学实践和设计思路两方面探讨如何将思政
元素融入高中英语教学。

（一）教学内容

本单元以"成功"为主题，在引入部分讨论了"成功
的关键要素是什么"。第一课阅读语篇《金钱与成功》是
一篇人物报道，报道某百万富翁将自己的资产都捐赠给社
会的新闻。第二课听力语篇，讨论了五位成功人士的成就。
第三课阅读语篇《到达顶峰》，从一位奥运冠军的视角介绍
了个人的成功之路。Writing Workshop写作语篇的范围是郎
平的主要经历和成就。Video Workshop视频语篇是一段TED
的演讲视频，演讲者通过分享自己事业起伏的经历，告诉
听众"成功是一个要持续努力的过程"，并分享了保持成功

需要遵循的八个准则。Reading Club两篇拓展阅读，第一篇是介绍中国著名地质学家黄大年，第二篇是论述失败的意义（见图1）。

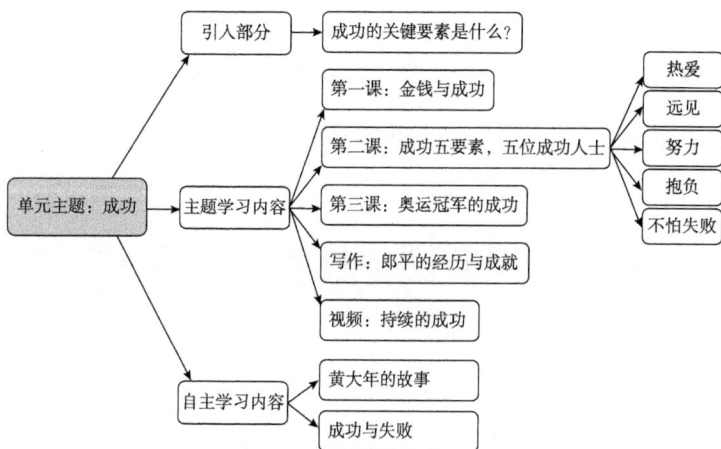

图1　单元主题语境与单元其他学习内容的关系

（二）学情分析

高二年级学生，年龄大多在16～17岁，正处于世界观、人生观和价值观形成的重要阶段，也是在不断进行自我认识的关键时期。本单元围绕"成功"这一话题展开，属于"人与自我"主题，对引导这个阶段的学生正确面对当下、设想未来很有意义。成功对每个人都很重要，人人都希望获得成功，通过本单元的学习，从思政层面来讲希望学生能够从他人的经历中获得启发，思考并明确什么才是真正的成功，能从不同的视角感知和理解成功的真正含义，为个人获得成功而努力。

（三）教学思政设计

Topic Talk 单元"引入"部分呈现了两段对话，介绍了多种成功的关键要素——热爱所做的事情、意志坚定、努力、心存感激、自信、保持积极心态、从失败中吸取教训以及专注。在这个环节笔者设计用"头脑风暴"的方式让学生们说出他们认为"成功到底是什么"（见图2）。在当下物质愈加丰盛、压力日渐增大的时代背景下，许多学生会认为金钱是衡量成功的标准，但是他们又不会直接给出这样显然不符合道德标准的答案，这里就需要教师来辨析引导。如学生会给出一些笼统模糊的答案，教师必须继续以深入提问的方式来激发他们的进一步思考。比如，学生回答"快乐就是成功"，就继续问"那么什么给你带来快乐？"这时学生也许就会回答"金钱"。其实他认为的成功并不是快乐，而是金钱带来的快乐。在这种情况下，教师可以给学生介绍马斯洛需求层次理论，金钱能满足人类基本的生存和获取安全感的需求，但更深层的需求——爱的需求、求知的需求等，不是单单依靠金钱可以满足的。通过这个环节激发学生对成功的思考，帮助学生构建对"成功"的初步认知。

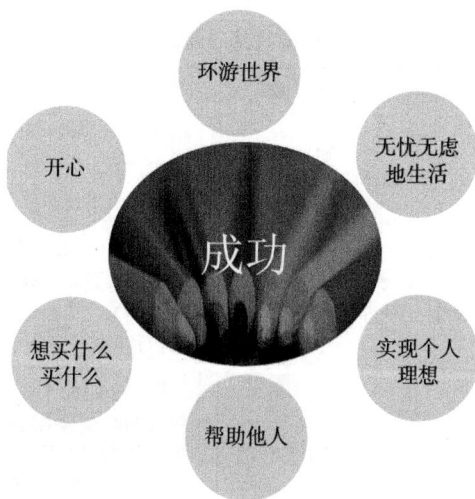

图2 关于"成功是什么"的头脑风暴

第一课是一篇人物报道。文章讲述了一位大学教授将他的百万家产捐赠给慈善机构后自己过起了简朴生活的故事。主人公认为：富有并不一定会带来幸福感，自给自足、奉献社会、帮助他人等都可以给自己带来幸福和快乐。

第二课借着五位成功人士的特质介绍了五个成功的秘诀。农学家袁隆平、商界精英任正非、世界首富比尔·盖茨、世界顶级网球明星德约科维奇和英国作家J.K.罗琳。他们取得的成就举世瞩目，而这样的成就不是天上掉馅饼的结果，更不是靠幻想就可以得到的，是有明确的要素的，也就是文中所谓的"秘诀"（见表1）。

表1　第二课"五位成功人士的秘诀"代表人物
主要成就一览表

成功的秘诀	代表人物	人物成就
热爱所做的事情	农学家袁隆平	长达50年全身心投入高产水稻的研究，为去除饥饿，促进世界和平及社会发展作出了不可磨灭的贡献
有远见卓识和决定	商界精英任正非	克服种种苦难，致力于关键技术革新，把公司建设成全球最大的通信和智能设备制造商之一
努力	世界首富比尔·盖茨	"成功的1万小时定律"，在青少年时期就在基础电脑的研究方面投入了超过1万小时的时间，为他在20岁建立微软公司奠定了基础
设立高远的目标	世界顶级网球明星德约科维奇	5岁励志做世界上最好的网球运动员
百折不挠	作家J.K.罗琳	《哈利·波特》在出版前曾被12家出版社拒绝，作者坚持不懈才成为全球最受欢迎的儿童读物作者

　　第三课是一篇夹叙夹议的博客，作者介绍了将自己置于"绝地"并一直走向奥运冠军领奖台的亲身经历。让读者们体会到作为顶尖运动员的艰辛与不易，意识到每个人的成长都是在不断地作出选择。

　　写作语篇是介绍郎平主要经历和成就的记叙文，展示郎平作为运动员和教练员在排球领域作出的突出贡献，是描写成功人物的写作范例，为学生树立成功人物的榜样。

Video Workshop 的演讲中，演讲者提到做自己最擅长的事情更容易获得成功，而成功可能会把自己带到一个新的自己不那么擅长的领域，这就需要持续不断地努力和学习。

拓展阅读中第一篇为记叙文，记叙了中国著名的地球物理学家黄大年秉持科技报国理想，把为实现祖国富强、民族振兴、人民幸福贡献力量作为毕生追求，为我国教育科研事业作出突出贡献直至失去生命的事迹。第二篇为说明文，以 J.K. 罗琳、乔布斯、比尔·盖茨等人为例，阐述失败的意义，激励学生面对挫折勇往直前。从另一个视角改变学生对失败的消极看法，从而无惧失败。

单元小结，显然一整个单元内容学习，编者从不同角度让学生体会"成功"的内涵。老师有必要在学习完整个单元后，引导学生形成一个更为完整的认知。笔者选择让学生们以小组活动的方式完成一个思维导图，列出自己认为获得成功的关键要素（见图 3），从而架构起对成功的正确认知框架。

三、结语

本单元围绕"成功"这个话题展开，讨论了多位成功人士的杰出成就以及为此付出的努力，介绍了取得成功的

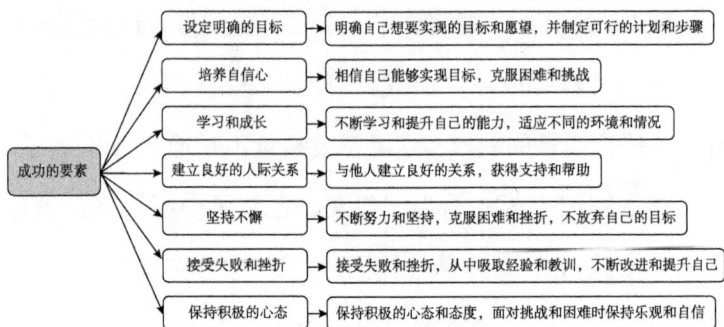

图3 学生小组活动思维导图

多种要素，如设定明确的目标、培养自信心、学习和成长、建立良好的人际关系、坚持不懈、接受失败和挫折、保持积极的心态等。旨在帮助学生正确认识成功，理解什么是成功，怎样才能成功，从而在今后的人生中通过个人的努力获得成功。激发学生在以追求物质生活为成功目标的思潮中从不同角度思考成功与金钱的关系，成功与失败的关系，成功与自我实现的关系，成功与帮助他人的关系，成功与反馈社会的关系等。这样的思政主题非常有意义，英语作为一门语言学习，不再只是知识层面的学习和练习，而是有了更深层面的价值。

课程思政视域下中职数学
教学设计研究
——以"最短路径问题"为例

段 慧

一、引言

少年强则国强，中学生是国家的未来，中学生的思想政治教育与教育事业的发展有关，甚至与国家的发展有关。学生们现在普遍使用手机电脑网络，然而网络上的信息鱼龙混杂，充满了很多诱惑，很多成年人都无法抗拒，对于思想还不完全成熟的中学生来说，更容易受到不良信息的侵蚀，在一定程度上，会产生不好的影响。

因此，在中学时期应加强思想政治教育，构建"大思政"格局。课程思政作为一种新型教学模式，与传统的"填鸭式"教学有着本质的不同，它是以马克思主义为指导思想，将思想政治教育与各门课程紧密结合，实现了育人工作与日常教学的有机融合。通过课程思政的实施，可以将思想政治教育贯穿整个课堂教学之中，不仅提高教师的思想觉悟和政治素养，更重要的是培养学生正确的世界观、人生观和价值观。

二、课程思政在数学教学中的意义

在传统观念的理解下，教师往往忽视了数学学科独特的教育功能，实则数学学科中不仅包含了许多教育因素，而且包含了其他学科无法取代的教育功能。教师要善于开发数学课程思政元素，找准数学课程思政元素的切入点，在课堂上通过讲解、示范、答疑等方式引导学生深入学习和理解课程内容，在潜移默化中提升思想政治教育。

因此，作为一名数学教师，我们必须充分挖掘思政教育的元素，充分利用数学教学的重要渠道，充分发挥数学课程的独特教育功能，满足教育与教学和谐发展的需要。数学思政的最终目标是当学生忘记某些数学知识时，内心还能留存那些美好的数学思想、热情的爱国主义、严谨的科学态度和优秀的思想道德品质等。

三、案例研究——"最短路径问题"融入思政

本文以"最短路径问题"为例，探讨在课程思政视域

下中学数学教学设计的策略。通过"最短路径问题"教学设计，教师在引导学生进行数学思考和探究过程中，把爱国精神、科学精神、工匠精神、人文精神等思政元素融入教学过程中，使学生在掌握数学知识的同时，获得思想方法上的启迪和升华，真正做到立德树人。

而创设情境则是将思政教育融入数学课比较好的一种方式，无论是在教学的初始导入阶段，还是在具体问题的理解、解决阶段，都可以通过这种方式，将思政教育自然巧妙地融入数学课中，不违和，有关联，从而实现数学的育人功能。

以"最短路径问题"来说。最短路径问题，即两个点之间的最短路径，是经典的数学问题，也是一个实用性很强的问题。具体来说，我们可以怎样创设情境呢？

（一）导入阶段

教师可以通过引入实际生活中的问题，如交通路线规划、旅游线路规划等，让学生了解"最短路径问题"的基本概念和应用场景，从而引发学生的兴趣，让学生主动参与讨论与解决问题，增强学生的学习动力。但是如果想要有更好的思政效果，就不能随意给出情境，而是要有明确的目的性。

例如，教师可以以"新冠疫情期间物资供应点选址"为主题创设情境，引入本节课。

具体情境：在新冠疫情暴发后，疫情就是命令，效率就是生命！而在疫情防控期间，有这样一批默默无闻的工作人员——基层社区工作者。他们坚守岗位、立足本职、争分夺秒，为疫情防控守住第一道防线！下面就让我们在具体问题中，帮助他们规划路线，节约时间，从而使他们能够以最短时间、最短路径、最好方式遏制疫情、解决问题！

这个情境就与三年疫情防控的最大国情联系到一起，既引入最短路径这个具体问题的学习，同时也让学生在具体数学问题中接受爱国、奉献这样的德育教育，同时这样的结合更让学生认识到数学不仅是一种知识，更是一种思维方式和解决问题的方法，能给我们的具体工作带来很多有益的帮助，使我们的工作能够最合理、最优，这又何尝不是另一个层面的思政教育呢。

（二）解决问题阶段

导入阶段只是提供了一个大情境，具体如何和最短路径挂钩，老师还需进一步把情境具体化，设置成明确的数学问题，让学生理解这一类型题用到的数学定理，为下一个问题作准备，当然这个具体情境也是有思政意义内蕴在其中的。

情境（1）：作为一名共产党员，我也积极加入了社区的志愿服务工作。每个人都各有分工，我所在的是物资采购组，主要负责采购分发居民日常生活物资。我们每天要从超市（点A）取货后再返回社区（点B）报到。从超市到社区有三条路线，如图1所示，请你帮我选一条最短路线，为什么这条路线最短呢？

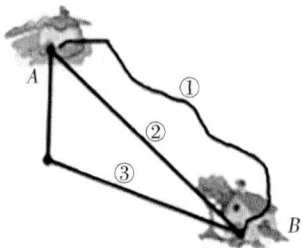

图1

通过这一问题情境，让学生跟随老师一起代入场景，身临其境，进一步感悟"两点之间，线段最短"这一基本事实在实际生活中的应用。所谓计划赶不上变化，在此基础上教师进一步增加条件，创设情境（2）和情境（3），让学生懂得办法总比困难多，学会迎难而上，引导学生在遇到困境时能够积极面对，寻找解决办法。培养学生把生活问题转化为数学问题的能力，锻炼学生的逻辑思维能力。

情境（2）：由于社区居民的需求量大，而我们小组人力有限。为了更高效地完成物资采购分发工作，我们向相关部门申请在超市（点 A）和社区（点 B）之间的公路边上设立临时物资供应站（点 P），这样可以统一采购再集中配送。我们计划从超市（点 A）出发，先到临时物资供应站（点 P）送货，再回到社区（点 B）报到。如图2所示。那么这个临时物资供应站（点 P）应建在哪里，能使我们所走的总路程最短呢？

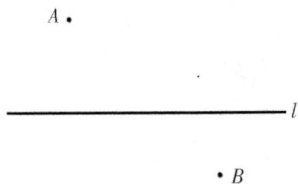

图2

情境（3）：由于甲超市物资种类有限，于是我们换成从位于社区（点 B）同侧的乙超市（点 A）采购，这样我们不得不考虑建立新的临时物资供应站（点 C）。我们计划从乙超市（点 A）出发，先到临时物资供应站（点 C）送货，再回到社区（点 B）报到。如图3所示。此时临时物资供应站（点 C）又该建在哪里，才能使我们所走总路程最短呢？

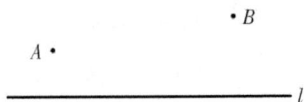

图3

学生进一步从问题中抽象出数学模型，理解和掌握知识的形成过程，在求解答案的过程中体会到数学的科学严谨性。疫情期间我们国家和社会各界都受到很大影响，我们的经历只是其中一个小小的缩影。但是我们的国家和人民都有信心、有毅力，团结一心、众志成城共同战胜疫情。社区物资供应只是这场战役中很小的一个侧面，会遇到很多各种各样的困难和问题，人员、采购、配送等，很多热心的居民纷纷主动报名加入志愿服务队伍，他们不计个人得失，献计献策，逐步攻克每个难题。这种集体主义和大局意识，也正是我们要给学生传递的思政正能量。而这个情境就是让同学们感受这些志愿者工作的艰辛，也让同学们理解数学也是可以优化问题、传递关怀的。

教师在疫情的大背景下设计了三个相互联系的实例，这样设计有利于学生思维的连贯性。此外，疫情话题与学生真实生活密切相关，比较贴近学生的生活，有助于吸引学生的注意，调动学生的学习热情。基于此，教师可以继续延伸情境，综合考查学生对本节课知识点的掌握情况。

（三）情境延伸阶段

由于之前建立的临时物资供应站恰好处在出风口，遇到大风天气非常不便。为了做好疫情防控期间的物资配送工作，我们一起想办法积极应对面临的新挑战。基于之前的经验，我提议可以在周边的另外两条公路边上设立物资供应站。我们制定出新的方案：从超市（点A）出发，先到公路l_1边上的物资供应站（点M）送货，再到公路l_2边上的物资供应站（点N）送货，最后回到社区（点B）报到。如图4所示，那么两条公路边上的临时物资供应站（点M和点N）应建在哪里，才能使我们所走总路程最短呢？

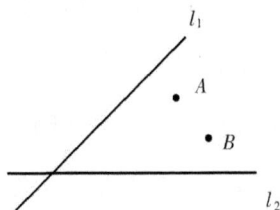

图4

理论产生的最终目的是为了更好地指导实践，这恰恰也是思政中的哲学要义，这样既形象又很接地气地传递给学生，让大家明白学好数学，用好数学，不仅是会算数，还可以切实帮助我们从容应对生活中遇到的问题。

最后，在掌握知识的基础上教师可以进行适当的总结，通过讲解我国在新冠疫情防控方面所取得的成就，让学生认识到"中国速度""中国精神"对于战胜疫情所起到的关键作用。通过这种方式的教学，不仅可以提高学生的数学素养，还可以培养学生的思想品德和团队协作能力，为学生的综合素质提升打下坚实基础，实现"知识传授"与"价值引领"的统一。

四、结语

课程思政是一种全新的教育理念，需要教师在教学过程中不断摸索和实践。本文通过对"最短路径问题"的教学设计，在"三全育人"理念下，从教材中提炼出思政元素，将思政元素融入教学目标和教学内容中，以达到知识传授与价值引领的统一。在教学过程中，教师要注意挖掘教材中的思政元素，既要传授学生知识和技能，也要引导学生形成正确的价值观念和良好的道德品质。课程思政的关键是挖掘知识与思政元素的契合点，通过"最短路径问题"这一课程思政设计案例，可以为其他课程思政建设提供借鉴。在以后的教学中，笔者将继续研究课程思政理念下中职数学的课程设计。

地理教学中课程思政的落实
——以"资源枯竭型城市转型"教学为例

李 赫

一、引言

党的十八大以来，以习近平同志为核心的党中央高度重视培养中国特色社会主义事业合格建设者和可靠接班人，将保障中国特色社会主义事业后继有人作为一项重大战略任务来部署。当下我们国家正处于一个飞速发展的时代，教师不仅要高效、有效传递知识、技能，还要把核心价值观传授给下一代。特别是高中阶段，学生处于人生的关键时期，他们不仅需要获取丰富的知识，还需要塑造正确的价值观，因此，课程思政的提出，对高中教育而言就显得尤为重要。

课程思政这一教育理念，是指以构建全员、全程、全方位的三全育人的形式和促进德育、智育、体育、美教、劳教全面发展的五育并举的教育理念来培养人才。以此为基础，对学生的价值观进行塑造，有助于他们形成正确的世界观、人生观和价值观。

在地理教学中，常规的高中地理课程其内容主要反映地理学的本质，体现地理学的基本思想和方法，旨在使学生具备人地协调观、综合思维、区域认知、地理实践力等地理学科核心素养，学会从地理视角认识和欣赏自然与人文环境，懂得人与自然和谐共生的道理，提高生活品位和精神境界，为培养德智体美劳全面发展的社会主义建设者和接班人奠定基础。学科核心素养是学生通过学科学习而逐步形成的正确价值观、必备品格和关键能力。地理学科核心素养主要包括人地协调观、综合思维、区域认知和地理实践力。

如何在保持原有教学目标的同时，实现课程思政的价值教育，是我们每位地理教育工作者都需要去深入思考和探索的问题。只要我们仔细思考，就会发现地理学科具有空间和地域的独特性，可以帮助学生形成对世界的空间认知，我们可以通过探讨生态环境、资源安全、人地关系等议题，通过了解不同地区的历史文化、经济发展等，培养学生的家国情怀和文化认同；可以通过比较不同地区的自然环境和社会状况，培养学生可持续发展的意识，具体教学中我们还可以通过故事、案例、地域调查、问题讨论等方式，激发学生的学习兴趣，引导他们主动思考，培养他们的批判性思维和解决问题的能力。最终实现培养学生正确的世界观、人生观和价值观的目的。

正如古人所说："问渠那得清如许，为有源头活水来。"学科素养是教学的出发点，同时课程思政又是育人的出发点，正如源头活水，为我们教育的守正与创新提供了源源不断的动力。

二、地理学科在课程思政中的优势

在当前的教育实践中，课程思政已经成为一种重要的教育理念和教学方法。其中，地理这门学科在思政教育中的独到优势主要体现在三个方面：国家意识、自然生态、资源安全。

（一）国家意识

地理学科对培养学生的国家意识具有独特的优势。地理课程涵盖了全球至本土的地理知识，这使得我们可以通过地理教学来深化学生对国家地理环境、地缘政治、历史文化、经济社会等方面的理解，从而增强其国家意识。以中国为例，我们可以引导学生从地理角度理解国家的发展历程，挖掘各地的人文故事，揭示地理环境对文化形态的影响，进一步激发他们的爱国情怀和民族自豪感。

（二）自然生态

地理学科在自然生态教育中的作用不可忽视。地理学科是一门综合性学科，它揭示了人类社会和自然环境的复杂相互作用。通过地理课程，我们可以引导学生理解环境问题的复杂性和多维度性，如气候变化、生物多样性丧失、水资源短缺等全球性问题。同时，我们也可以引导学生理解，我们有责任保护地球家园，促进人与自然和谐共生。

（三）资源安全

地理课程对提升学生的资源安全意识具有显著的优势。地理课程涵盖了自然资源和人类社会的关系，使得我们有机会引导学生认识资源的珍贵和有限，理解过度消费、浪费和不合理开发对资源安全的威胁。我们可以通过地理课程让学生意识到，资源安全不仅是一个国家的问题，也是全人类共同面临的挑战，需要我们共同解决。

总的来说，地理学科在思政教育中具有独特的优势。然而，如何将思政教育有效地融入地理课程中，是我们作为地理教育工作者需要深入研究和探索的问题。

三、小切口，大舞台——以选择性必修二"资源枯竭型城市转型"为例

在高中地理教学的课程设置中，城市化和城市发展是非常重要的一部分，特别是在对资源枯竭型城市进行研究时，如何为城市未来的可持续发展指明方向，是一个非常重要的议题。本章的教学中，从对资源枯竭这个问题的认识入手，以大连、焦作和大庆三个城市的实践为例，思政教育得到了充分的延展，下面对此进行展开说明。

（一）中国的资源枯竭型城市及其传统的经济模式

资源枯竭型城市，主要是指那些经济发展主要依赖一种或几种矿产资源开采的城市，如煤炭、石油、铁矿石等。中国的资源枯竭型城市分布广泛，主要集中在东北、华北和华中地区。这些城市如抚顺、鹤岗、焦作、枣庄、铜陵、大冶等，其传统的经济模式主要依赖资源开采和初级加工，这种模式在一定时期内带动了这些城市的经济发展，但也因此形成了一种依赖性很强的单一产业结构。教学中老师可以引导学生思考：这样的产业结构的弊端是什么？为后面的教学打下基础。

（二）资源枯竭型城市过去的成功以及保持和继承的方式

案例研究：选取大庆作为案例，引导学生研究和分析这座城市的发展历程，以及它如何通过保留和发展传统产业，实现经济的可持续发展。

过去，资源型城市的成功之处在于充分利用自己的资源优势，打造了一套完善的工业生产体系，并通过不断的技术革新和提升，使得其产品在国内外市场上具有强大的竞争力。同时，这些城市还通过打造自身的工业品牌，为自己在全球工业市场上赢得了一席之地。

如大庆市，它一直依赖石油资源驱动经济，但随着资源枯竭，它也面临着巨大挑战。经过艰难的探索，大庆市开始改变经济发展模式，开始推动石油产业的高效清洁利用，发展新能源技术，并积极引导现代服务业等多元化产业的发展。在教学过程中，老师可以使学生在了解具体城市发展情况的同时，思考如何应对资源枯竭所带来的挑战。

在全球范围内，许多依赖特定资源的城市都在面临资源枯竭的挑战，如何实现经济转型和可持续发展是一个严峻的问题。借由深入分析大庆市的转型经验，我们不仅落实了地理知识的学习，同时也能使高中生对经济发展、社会进步和环境保护有更深层次的认知，明白一个城市的发展必须建立在可持续性的基础上，过度依赖自然资源会带来风险，我们必须寻求更加环保、高效且可持续的发展模式。这种观念与社会主义核心价值观中的"和谐"和"创新"理念相吻合。这其实就是很有效的思想政治教育。

为了实现经济转型，大庆市积极推行了一系列措施，如发展绿色能源、提升科技创新能力、吸引外资、拓展旅游业等。在这个过程中，大庆市展现了逆境中的坚韧与创新的勇气。这同样也是思政的一个落脚点，一个城市如此，具体到每一个人又何尝不是如此。在困难面前，我们要有坚韧不拔的精神，有创新发展的勇气，有面对挑战的决心。这种意识对高中生构建正确的社会主义核心价值观有重要启示。

从社会发展的角度看，大庆市在面临资源枯竭时，积极求变并寻求外部援助，这表明国家和社会的发展是个体、社区、地区乃至全球的共同责任。这一经验可以让学生认识到，作为公民，我们应当有着对国家和社会的责任感。

综合来讲，大庆市的转型提供了一个实际的案例，通过这个案例，我们可以向学生传递，个人意志力教育、自然生态教育、社会发展意识及正确的国家意识，一个地理知识内容，可以容纳如此多的思政教育内容。可见，地理思政，舞台宽广，大有可为。

四、创新高中地理教学方式，融合守正与创新

在高中地理教学中，融合守正与创新的理念是十分重要的。守正是指传承和坚持优秀的传统文化和道德观念，而创新则强调面对时代变革和挑战时，积极寻求新的思路和方法。

在资源枯竭型城市转型的教学中，我们可以借鉴习近平总书记提出的守正创新理念，将其融入到地理课程中，以引导学生理解和掌握这些理念。首先，我们可以通过教学内容的选择和设计，让学生了解资源枯竭型城市转型的现实问题和挑战，以及历史上的成功案例和经验。通过学习这些知识，学生可以感受到传统的价值观念和思维方式对解决问题的重要性，同时也能够意识到创新思维和方法在推动城市转型中的作用。其次，教学方法也是融合守正与创新的关键。我们可以通过启发式教学、案例分析、小组讨论等方式，引导学生主动思考和探索，激发他们的创新思维和创造力。同时，也要注重培养学生的守正意识，通过传统文化和道德教育的渗透，引导学生在创新中坚守正确的价值观和道德底线。最后，评估方式也需要与守正

创新的理念相匹配。除了传统的考试评估外，可以引入项目评估、实践报告、课堂展示等方式，全面评估学生的知识掌握和创新能力。这样的评估方式能够更好地反映学生的守正和创新水平，激励他们在学习中保持坚守传统和开拓创新的态度。

五、结语

在资源枯竭型城市转型的教学中，融入守正创新理念对培养学生的创新能力、社会责任感和可持续发展意识等具有重要作用。课程思政是实现这一目标的有效途径，通过合理的课程设计、创新的教学方法和科学的评估方式，可以成功将守正创新的理念融入高中地理课程中，由此和其他学科共同努力，同频共振，一点点发挥育人功效，努力使学生成为具有责任感和创新能力的社会主义建设者和接班人。

尽管本研究在融合守正与创新的高中地理课程思政方面取得了一些有益的实践经验和启示，但仍存在一些挑战和改进的空间。未来的研究可以进一步探索不同教学背景下的融合实践，深入研究教师的角色和教学策略对学生守正创新能力培养的影响，并结合教育教学改革的趋势，进一步完善课程思政的实施策略和评估机制，不断提高高中地理课程思政的效果和影响力。

　　通过持续的探索和实践，我们相信融合守正与创新的高中地理课程思政能够为学生的全面发展和社会进步作出积极贡献。

同向同行

课程思政实践与探索

上册

李晓莉　孙长亮　郭玥　等◎著

国家行政学院出版社

NATIONAL ACADEMY OF GOVERNANCE PRESS

·北　京·

图书在版编目（CIP）数据

同向同行：课程思政实践与探索：上下册 / 李晓
莉等著 . — 北京：国家行政学院出版社，2023.11
　　ISBN 978-7-5150-2830-9

　　Ⅰ.①同… Ⅱ.①李… Ⅲ.①思想政治教育－教学研
究－中等专业学校 Ⅳ.① G711

中国国家版本馆 CIP 数据核字（2023）第 203132 号

书　　　名　同向同行——课程思政实践与探索
　　　　　　TONGXIANG TONGXING
　　　　　　——KECHENG SIZHENG SHIJIAN YU TANSUO
作　　　者　李晓莉　孙长亮　郭玥　等　著
责任编辑　曹文娟
责任校对　许海利
责任印制　吴　霞
出版发行　国家行政学院出版社
　　　　　　（北京市海淀区长春桥路 6 号　　100089）
综 合 办　（010）68928887
发 行 部　（010）68928866
经　　销　新华书店
印　　刷　北京九州迅驰传媒文化有限公司
版　　次　2023 年 11 月北京第 1 版
印　　次　2023 年 11 月北京第 1 次印刷
开　　本　145 毫米 ×210 毫米　32 开
印　　张　10.75
字　　数　192 千字
定　　价　76.00 元（上下册）

本书如有印装质量问题，可随时调换，联系电话：（010）68929022

落实立德树人，唤醒思政自觉

课程思政在今天已经不是一个新的概念，从进入21世纪后，在中央先后明确提出要进一步加强对未成年人的思想道德建设，加强对大学生的思想政治教育工作以来，为落实中央精神，以上海为始，课程思政经历了数个阶段的改革探索，而今，已成为高校提升课堂质量、强化人才培养的共识。但是这并不意味着课程思政只适用于高校，从本质来讲，课程思政的核心就是"育人"，所谓"育人"解决的就是"培养什么人""怎样培养人"的问题，这当是每个教育阶段，各个教育类型的学校都置于首位的问题，职业教育同样不例外。

北京舞蹈学院附属中等舞蹈学校（以下简称北舞附中）是国家级重点中专，是新中国创建最早的中等舞蹈学校。作为北京舞蹈学院的基石、舞蹈高精尖人才培养的基础、舞蹈社会化人才转变的基地，北舞附中将培养"崇德尚艺、身心健康、文化和专业基础扎实、综合素养高、可持续发展的基础型舞蹈文化人才"作为目标，推动学校各项事业的发展。为此，多年之前课程思政也开始进入北舞附中教育教学的视野，并开展了相关内容思考与实践的探索。

所谓的课程思政，其主要形式就是将思想政治教育元素，包括思想政治教育的理论知识、价值理念以及精神追求等融入各门课程中，潜移默化地对学生的思想意识、行为举止产生影响。如此看来，课程思政的成效很大程度取决于教师的教学意识与能力，教师可以说是推进课程思政不断前进的主力军。因此，把立德树人作为教育的根本任务，将课程思政落到实处，关键就是要唤醒教师的思政自觉意识，提升教学能力和创新思维，发挥出教师的主导性，将课程思政贯穿学校教育教学的全过程。

北舞附中文化教学科从提高任课教师的积极性、主动性和创造性入手，以"守正、创新、科学"为主题，将青年教师作为培养主体，集聚全学科之力，连续三年开展了"青年教师思政大讲堂"的实践活动。围绕"知识传授、能力培养、价值塑造"三位一体的教学目标，组织青年教师进行课堂展示，所有公共基础课的老师一起进行思维碰撞，共同探讨、研究如何多层次、多角度挖掘各专业学科的思政要素，将"授业"与"传道"自然融合，实现在专业授课中"加点盐"的效果，从而使专业授课与思政育人同向同行，使课堂成为为党育人、为国育才的重要阵地。

以往，出于不能在自己的课上"种了别人的田"，最终"荒了自己的地"的想法，教师在授课中更注重的是学科知识的传授，虽然也会根据情况在自己的课堂上进行一定的思政教育，但不是一种自觉行为，更多是一种下意识的思维延伸。其实，这是专业教师对于课程思政的一种认知偏差。课程思政并不是要求教师在自己的课上讲政治课，而是要他们真正地认识到教师赋有教学和育人的双重职责，不能有所偏废。如果可以将立德与立识、育人与育才完美地结合起来，为师之道才是真的得到了实现。因此，扭转认知、确立自觉，提升能力、有效实施，成为北舞附中文化教学科开展"思政大讲堂"实践活动的目标归旨，并期待通过这样的系列活动，能够对教师的思想意识产生影响并形成引导，最终落实于课堂，实现专业知识学习、学科素养提升与人文素养熏陶、价值观塑造相辅相成、相互促进的良好局面。

事实证明，随着课程思政意识的不断深入，教师独立思索、集体教研、专题展示等多条通道的推进，北舞附中文化课教师的课程思政能力也在逐步提升。首先，对各学科思政要素充分挖掘。价值塑造是一个全方位的工作，不是简单地进行政治教育，因此可挖掘的思政要素非常丰富。在"守正"的前提下结合当下教育背景进行合理的"创新"，思政教育大有可为，从家国情怀到个人品德，从审美教育到科学思辨，从劳动教育到职业理想，等等。当思路打开，在"大思政"思维的支撑下，教师可以看到专业课蕴含的思政资源虽然分布零散，但是角度却是多样的，只要用心思考，根据自身专业学科的特点，就会发现合理且充分的思政元素，再通过开发与整合，在教学中就可以精准投放，最终实现思政教育。其次，对思政教育的方式方法深入探索。有了教育内容，如何有效实施是下一个必须用心思考的问题。课程思政不是简单生硬的教学环节的拼接，隐性渗透、元素融合才是实现的有效途径，因此教师要结合各学科教学任务的实施润物无声地融入思政教育，自然引发学生的情感共鸣，从而寓价值引导于知识传授，使学生接受正确的为学、为事、为人的道理，最终成长为新时代中国特色社会主义建设所需的优秀人才。

　　课程思政并没有终点，老师们的思索也只是现阶段实践下的一些思考成果，随着教育教学的不断开展，会有突破，也会有更多创新。教学是普通平凡也是细微深刻的，当教师将自己的职业理想与责任意识，将对学生的人格尊重与成长引导融入教学管理之中时，课程思政就会直抵学生心灵。

目录

上册

守正与创新

——课程思政的活水源泉

李晓莉

一、引言

在实现中华民族伟大复兴的中国梦的道路上，人才是核心竞争力，而培养什么人、怎样培养人以及为谁培养人又是人才培养的根本问题，为此各类学校教育无疑发挥着举足轻重的作用，职业教育也不例外。如何更好地培养人，这是一个需要社会、学校、家庭三位一体全方位协同思考方能达成的目标。而聚焦于学校教育，课程思政无疑为课堂教学这一育人主阵地指明了方向，也指出了具体的操作方法。在不同专业的课堂教学中渗透一定的价值观教育原本也是学校教学的内容之一，只不过一直以来，似乎这还并不是一种明确的指向，教师首先考虑的还是专业性与知识性的问题，"授业"终归还是重于"传道"的。然而，从国家意识形态战略高度提出课程思政理念，让教师开始重新调整自己的教学目标，推动"道"与"业"齐头并进，共同成为塑造学生学养与学识的重要内容。

所谓的课程思政便是将"思想政治教育元素，包括思想政治教育的理论知识、价值理念以及精神追求等融入各门课程中，潜移默化地对学生的思想意识、行为举止产生影响"。就语文来说，如何不露痕迹、道业并重，实现课程思政的教育价值，是每位老师都要思考的重要课题。朱熹诗曰："问渠那得清如许？为有源头活水来。"课程思政不是死板的概念，而是更好地育人成长的一个解决方案，因此需要不断使其流动起来，生长起来，方能保持其活性，最大限度发挥其作用。在笔者看来，坚持守正，尊重并传承中华优秀的传统文化，勇于创新，融入当下时代新貌，恰是促其永葆活性的重要因素，因而也成为课程思政取之不尽、用之不竭之源泉。

二、守正——传统美育功能的继承与发扬

我国是一个有着悠久历史的文明古国，文化传统源远流长，蕴含着丰富的教育内容。其中"中华美育是运用中华民族的审美与艺术传统进行的一种独特的人格教育，能

够滋养人的心灵，为人提供生命指引。"① 由此可见，语文的课程思政若想取得好的效果，从传统美育的肥沃土壤中汲取营养是首要也是最好的一个途径。守正，便是要以传统美育文化为根，充分挖掘其丰富内涵，提炼其精神精髓——从人格修养到人生命运再到家国天下等方方面面，进而与课堂教学深度融合，将知识传授与价值塑造充分统一，以文化人，以美育人，从而达到课程思政的良好效果。

那么，传统美育有哪些精华内容是可以为语文课堂所用的呢？主要包括以下几个方面。

（一）个人品德

传统美育作用的对象就是一个个具体的人，因此非常重视对人内在精神的塑造。培养健全人格是一个需要长时间、多角度全面施加正向影响的过程，可以说每一篇语文文本都蕴含着不同角度的促进个人成长的内容。例如：《爱莲说》的清正高洁，《诫子书》的淡泊明志，《散步》的爱家爱亲，《我与地坛》的坚韧不屈，《县委书记的榜样——焦裕禄》的献身奉献，等等。从人格修养的角度可以挖掘的思政元素非常丰富，这也正是学生在成长过程中必不可

---

① 梅萍、孟恒艳：《中华优秀传统美育文化的价值意蕴及弘扬》，《社会主义核心价值观研究》2022 年第 1 期。

少的心灵养料，通过对语文的学习，在获得语文相关知识的同时引导学生向善向美，使其具备健康人格，语文的教学便更为厚实，便落了地，有了更深一层的意义。

当然，这种挖掘不应刻意，更不应强拉硬拽地道德教化，要通过合理的教学手段与过程让学生自然认同，才能实现润物无声的思政目的。

（二）家国情怀

厚植爱国情怀是社会主义核心价值观的本质要求，而传统美育中所蕴含的"治国、平天下"的理想抱负，将个人命运与国家命运深刻联系在一起的自觉实践便是我们当下进行爱国主义教育的最好内容。

在语文教材中无论是经典篇目还是新入文本，以家国天下为核心精神的内容可以说数不胜数，但即便是如此熟悉的内容也应该用心对待，根据不同文本进行不同角度的爱国主义教育，才是对家国情怀的最好激发。

例如：讲余光中的《乡愁》、季羡林的《海棠花》、都德的《最后一课》、新闻《别了，"不列颠尼亚"》等，要重在激荡学生们热爱祖国、拥护祖国的自然情感与赤子情怀；讲鲁迅的《中国人失掉自信力了吗》、毛泽东的《中国人民站起来了》、《论语》的相关篇章等，则要着重引导学生从理性层面认识进而认同自己的祖国，明白爱国不仅是一种情感，也是一种选择，一个承诺；讲杜甫的诗、辛弃疾的词，讲《最后一次讲演》《邓稼先》《红烛》等，就要将爱国主义引入更深的层次，那就是行动，一个真正的爱国主义者不会将爱停留在口头上，一定会用行动践行与弘扬他对祖国的深情，在具体的行为中表现出他的自尊、自信与自强。如此有层次、有深度地在学生心中种下爱国主义的种子，这样的思政教育才是有效果的。

（三）审美情操

我国的传统思想之一儒家思想从开始便强调礼乐教化，通过音乐来陶冶情操，其本质就是一种审美教育。当然审美教育的内涵是丰富的，并不局限于道德影响。而时至今日，无论教育如何改革，审美教育从来都是语文素养的重要组成部分。《义务教育语文课程标准（2022年版）》中明确指出，语文课程应引导学生"形成自觉的审美意识，培养高雅的审美情趣"，2020年修订的《普通高中语文课程标准》中"审美的鉴赏与创造"更是语文四项核心素养之一，那么紧承美育审美传统，对学生进行审美教育便是语文课程思政不可或缺的一项内容了。

审美教育包括感知美、认识美、鉴赏美、表现美的一个完整过程，相比道德教育，这样的审美教育似乎更有难度，更需要时间和老师用心地设计。入选语文教材的都是文质兼美的文章，包括语言文字运用之美、结构情节的设计之美、意境情境的营造之美、精神情致的高尚之美、社会人情的丰富之美等，教师可以带领学生认识更为丰富的审美对象，进而产生审美想象，获得审美愉悦，再展开审美品味，训练审美表达，为审美价值的实现提供可能。

（四）共生理念

当前，世界百年未有之大变局加速演进，新一轮科技革命和产业变革深入发展，中国不可能独善其身，为此我们的教育更要培育拥有国际大视野的接班人，而这一点放到语文教学中又当如何实现呢？《论语》有言"君子和而不同"，这个"和"的核心含义便是"和谐"。一个成熟高尚的人会注重与他人之"和"，一个向上发展的国家也追求与他国之"和"，这就是我们的传统。社会学家费孝通先生后来将之总结为"各美其美，美美与共"，彰显出我们文化中最为可贵的包容之态。

因此，对于教材之中各种类型的外国作品，以及中国作家所写的西方之国、西方之人，教师要敏感地捕捉到其中所蕴含的这种"和谐共生"的育人理念，培养学生能够以平和、谦逊的心态进行审美评判。中华文明与他国文明应在交流互鉴中共生共长，如《纪念白求恩》中表达的国际人道主义精神、《藤野先生》中表达的民族平等的无私大爱、《复活》中表达的人性复苏、《百年孤独》中表达的拉丁美洲人民的苦难与挣扎等，要引导学生开阔视野与胸怀，以海纳百川之姿、清醒辨析之思接受文明的碰撞交融，这正是对我们传统"和"文化的继承。

2018年8月31日，习近平总书记在给中央美术学院老教授的回信中就明确指出："做好美育工作，要坚持立德树人，扎根时代生活，遵循美育特点，弘扬中华美育精神，让祖国青年一代身心都健康成长。"这段话深刻阐明了传统美育教育对于青少年健康成长，树立文化自信的重要意义。以课程思政为抓手，重新梳理并认识传统美育的内容和价值是需要当下每一位语文教师深思、笃行的重大问题，将传统美育融合于语文素养的教育教学中，提升学生语文能力，提供学生价值滋养，塑造学生美好心灵，激发学生责任担当，立德树人的教育目标便得到了有效实现。

三、创新——时代新风的挖掘与融入

时代在不断发展之中，传统美育内容固然博大深厚，但是若想全面培养人才，使之适应新时代的发展要求，教师便更要有立足当下的意识，紧扣时代脉搏，感受时代之需，为语文课的课程思政注入新的能量，使语文课的思政教育更有时代性与创新性，在助力学生全面发展的征途上发挥更为有力的作用。

（一）科学精神

党的二十大报告明确指出：教育、科技、人才是全面建设社会主义现代化国家的基础性、战略性支撑。在国家日新月异的发展过程中，重知识、尊人才、崇科学已然成为我们的基本国策之一，因而在学校教育中着力培养学生的科学精神、理性思维既是重要的，也是必要的。

谈到科学精神，人文性质突出的语文课似乎并不容易实现，其实不然，虽然语文不像数学等理科课程可以通过概念与定理的教授、习题的演算等，渗透严谨有序、逻辑性强的科学思维，但是语文课同样具有得天独厚的培育科学精神的条件。

首先，科学家精神在语文课本中的充分彰显。《美丽的颜色》《喜看稻菽千重浪》《青蒿素——人类征服疾病的一小步》《一名物理学家的教育历程》等大量的课文向我们展示了科学家勇攀高峰、敢为人先、追求真理、严谨治学、淡泊名利、潜心研究、集智攻关、团结协作、甘为人梯、奖掖后学的崇高精神品质，而这样的精神正是我国的科学事业得以高速发展的保证，是科学精神内核的体现。充分挖掘科学家精神这一思政教育宝库，对于我们渗透科学教育具有不可替代的重要作用。

其次，科学精神的内涵是非常丰富的，不局限于科学家精神。如《咬文嚼字》所提倡的"一字不肯放松的谨严"，《石钟山记》所表现出来的批判质疑，大量的事理性说明文、议论文所呈现出的逻辑分析、理性判断等都是科学精神的体现。在教授这些文章、进行相关训练时，教师可以有所侧重和突出，科学精神的培养就是在这样的不知不觉中得到实现的。

总之，显性因素也好，隐性因素也罢，科学精神既是当下人才素养的核心精神，那么便也应是语文教师要牢牢抓住的思政内容，从而让科学精神为青少年的全面成长引航。

（二）唯实为先

当前我国发展充满机遇也充满挑战，无论投身于哪一行，都需要有勇立潮头、敢为人先，脚踏实地、真干实干的精神。一味听从书本、听从师长，恪守教条而忽略实际，没有自己的思考判断，创新思维便无从谈起，本领也无法得到切实提高。

新时代下，教育之所以一次次作出重大改革，重要的一点就是将学生作为教学的主体，培养其自主的思考能力与行动能力。因此，教师面对《阿西莫夫短文两篇》《我一生中的重要抉择》《反对党八股》《拿来主义》《就任北京大学之演说》等文章，要从变通、实践、务实、比较、创新、为公等角度确立思政目标，这恰恰是对"唯实为先"精神的诠释与践行，是对学生唯实理念、为先作风的浇灌与培养。这对于学生最终成长为思维有拓展、视野有前瞻、干事有想法、本领有提升的能够担当起社会主义建设重任的接班人无疑具有重要作用。

（三）职业道德

我国越来越重视职业教育的发展，2022年5月1日起新修订的《中华人民共和国职业教育法》正式施行，其中明确指出实施职业教育要"对受教育者进行思想政治教育和职业道德教育，培育劳模精神、劳动精神、工匠精神……"职业道德不同于一般的个人品德，虽然其内涵有交叉之处，但是更强调职业性，这是职业院校的学生在求学时期尤其应该培养并遵循的行为准则与品德规范。在语文课程中，以课本为依托，深挖教材中的劳动精神、工匠精神，在授课中渗透关于职业道德的教育内容是最主要的培养途径，也是课程思政的教育方向。

首先，劳动教育是当下国家教育方针中的一大重点。《关于全面加强新时代大中小学劳动教育的意见》强调："劳动教育是中国特色社会主义教育制度的重要内容，直接影响社会主义建设者和接班人的劳动精神面貌、劳动价值取向和劳动技能水平。"古代教育更强调"德"育，培养有德性的君子品格是古代教育的终极目标。然而任何人不管从事何种职业，劳动都是最基本的成就事业的要素，因而劳动精神的培养在全面建设社会主义现代化国家的进程中举足轻重，只有融入了劳动教育的价值观教育才是完整的。经过教育改革，语文教材中体现劳动精神的素材相比以前更加集中鲜明，有专门的教学单元的设置，有的是单篇课文，有的是整本书阅读，还有的是某项具体的学习活动，如家乡生活调查。在这些内容的教学中，教师一般都会合理利用教材文本带领学生充分认识劳动内涵、领会劳动价值，但是往往会因为各种现实因素放弃学习活动的组织，这就使劳动教育失去了某些重要的实践机会。学而做，做中思，劳动教育应是完整的、有可操作性的，纸上谈兵毕竟浅，若有真心须实干。只有与教材具体任务结合，与学生职业学习结合，语文的劳动教育才能大有可为。

其次，工匠精神的渗透是对学生进行职业道德培养的又一重要方向。工匠精神不是一个抽象的概念，而是可以进行细致划分的具体从业品质：执着专注、精益求精、一丝不苟、追求卓越是工匠精神的体现。这样再来看《核舟记》《卖油翁》《植树的牧羊人》《一着惊海天》《改造我们的学习》等文章，便可以超越常规从工匠精神入手开拓出新颖的思政角度，而对于《心有一团火，温暖众人心》《以工匠精神雕琢时代品质》这样的文本更是可以深挖工匠精神内涵，结合各专业的人才培养目标开展更为深入的思政教育，探索并践行工匠精神的精髓。

四、结语

当下在专业课程中融入思政教育，已成为学校的育人共识，职业教育同样与时俱进，将全面提升受教育者的素质作为基本关照。但是在具体实践中，思政效果的好坏、收获的多少却受到任课教师的主体意识的左右。教师是课堂思政的主力军，只有各专业课程的教师拥有思政的自觉与能力，课堂思政的落实才更顺畅，更有成效。

一个有理想的教师是愿意将自己的课堂设计得既有厚

度也有温度的。厚度是专业知识技能的体现，温度则是育人理念的达成。很多时候老师们的课程思政似乎表现得不够积极与主动也与其还未树立正确的思政理念有关。课程思政与专业教学本质并不矛盾，难的是自然融合，难的是贴切恰当，倘若对思政内容激发自然，那么对学生专业的学习只会事倍功半。而对于语文课来讲，通过守正与创新思维的培养，老师们的思政意识得到激发，进而发散延伸，课堂便不会只是呈现一种面貌，犹如大树，当它获取足够丰厚的养料时，枝干伸展、开花结果便都有了实现的可能。

如何在数学教学中有效开展课程思政教育

孙长亮

一、引言

　　教育是人类社会特有的传递经验的形式，是有意识的以影响人的身心发展为目标的社会活动。于教师而言，教育必须为社会主义现代化建设服务、为人民服务，必须与生产劳动和社会实践相结合，培养德、智、体、美等方面全面发展的社会主义建设者和接班人。学校教育是培养学生思想政治素养的主要途径，关系到中国特色社会主义事业的发展、国家核心竞争力的提升乃至中华民族的伟大复兴，因此我们的学校教育必须以"立德树人"为根本使命。学校教育是学生思想政治教育的主阵地，课堂教学是思想政治教育的主战场，是实现培养社会主义建设者和接班人的重要渠道，课程思政传递了对当前思想政治教育深入有效开展的新思考，具有创新性和时代性，因此有效地利用课堂教学进行课程思政教育就显得尤为重要，在加强和改进思想政治理论课教育教学的同时，必须挖掘各类课程的思政内涵，发挥各类课程的协同育人功能，才能实现"立德树人"的教育目标。

2014年课程思政教育理念提出至今已有9年时间，成为社会的共识。作为教师，要想践行课程思政的教育理念，首先要明确课程思政的概念、形式、本质、方法、结构、思维等，进而结合教学工作有效推进。

课程思政的主要形式是将思想政治教育元素，包括思想政治教育的理论知识、价值理念以及精神追求等融入各门课程，潜移默化地对学生的思想意识、行为举止产生影响。课程思政的本质是立德树人、理念是协同育人、结构是立体多元、方法是显隐结合、思维是科学创新。这都给具体的课堂实施思政教育提供了思考与实践的方向。

二、在数学教学中有效开展课程思政教育

很多老师在实际教学工作中，认为数学作为一门自然科学，能够与课程思政结合的切入点太少，而且如果思政内容讲解过多会影响教学进度和教学效果，因此对在数学教学中开展课程思政教育抱着疑惑的态度，其实这完全是

一种错误的认知。

首先，作为教师要明确"思想政治课程"和课程思政的区别。"思想政治课程"之"思政"，是"思想政治理论"的简称，所以"思想政治理论课"常简称"思想政治课"，即"思想政治课程"；课程思政之"思政"，则是"思想政治教育"的简称。因此，在数学教学中，要立足数学教学的基础开展思政教育，不能把数学教学中的课程思政变成"思想政治课程"，这样数学教学的定位就错误了。

数学课程思政的内容绝不是传统思想政治课程的内容，而应该是内含诸如价值观、人生观、道德观以及中华优秀传统文化等丰富和广泛的内容。

数学是解释客观规律的重要基础学科，是一种思维方式方法，它和哲学一样对人类发展具有重要意义。数学的发展已经超乎人们的想象，和科学、经济、社会密切结合。在教学活动中数学教师要充分挖掘、把握数学课程中的思政点，积极引导学生在学习数学知识的同时树立正确的理想信念，全面提升综合素质，培养学生正确的世界观、人生观、价值观，解决好"培养什么人、怎样培养人、为谁培养人"的问题。

其次，教师要明确在数学教学中结合数学学科的特点开展课程思政，实现"立德树人"的根本任务。以数学六大核心素养——数学抽象、逻辑推理、数学建模、数学运算、直观想象、数据分析为基础，培养学生健全的人格、康健的体魄、能够独立思考的能力，最终实现为党育人、为国育才的教育目标。

下面我们就谈一下数学教师应当从哪些思政点着眼，推进课程思政工作的开展。

（一）言传身教

数学教师要牢记教师身份，在工作、生活中要时刻起到"行为世范"的引领作用，做学生的榜样。现代教育心理学研究表明：在教学中教师的为人处世、言谈举止会给学生造成心理上的暗示，它对学生的思想起主导作用。因此，教师要通过爱党爱国的政治态度、踏实勤奋的工作作风、严谨认真的教学态度、乐观积极的生活态度、和善友爱的沟通方式等从学习到生活全方位地为学生树立正确的榜样，潜移默化地影响学生，促进学生形成正确的人生观、价值观。

（二）探索数学发展的历史背景，传承中华优秀传统文化

中国数学起源于上古至西汉末期，我国古代对于数学

的研究是非常深刻并且成就辉煌的，对于中华民族乃至人类文明的发展都作出了很大贡献。例如，源于战国时期《墨经》的几何思想、勾股定理（商高定理）、负数、方程术、圆周率等的发现都远早于西方，虽然在历史变革中有些典籍已经遗失，但现存的著作依旧让我们不禁感叹中国古代数学家的聪明才智。这些知识都已经成为我国古代优秀文化的一部分，我们现在应该借助于课程思政的观点，重新审视它们在思想领域、文化领域的价值，深入挖掘相关数学知识的历史背景，引导学生感受中华优秀传统文化的魅力，增强学生的文化自信，培养学生的爱国主义思想和情怀，提高学生的民族自信心和自豪感，引导学生树立为中华民族伟大复兴而读书的伟大志向。

（三）讲解现代中国数学家的故事，培养学生数学学习兴趣，激发学生爱国情怀

通过讲解陈景润、苏步青、华罗庚等数学家的成长历程，让学生体会他们如何面对艰苦的环境坚定理想信念，坚韧不拔、努力学习探索的艰辛历程，思考这些数学家能够坚定不移地进行科研探索的背后蕴含着的"为国读书、为国科研"的深层思想原因，以及他们在工作和生活中的那种坚韧、勤奋的精神，抵抗国外优渥生活

条件的诱惑，毅然回国发展，报效祖国的伟大情怀。通过这些介绍激发学生们学习数学的兴趣，培养学生爱党爱国情怀。

（四）把数学与哲学相结合开展课程思政，引导学生树立正确人生观、价值观等

爱因斯坦曾说：数学之所以比一切其他科学受到尊重，是因为它的命题是绝对可靠和无可争辩的。在很多数学知识的背后，蕴含着深刻的人生哲理。我们在教学中既可以引用数学家等的名言，例如，希尔伯特说的"当我听别人讲解某些数学问题时，常觉得很难理解，甚至不可能理解。这时便想，是否可以将问题化简些呢？往往，在终于弄清楚之后，实际上，它只是一个更简单的问题"。有利于培养学生勇于面对困难、战胜困难的勇气和意志。也可以把数学的知识点进行延展，概率论中很多常用概念如平均数、变异数、随机抽样等，都能衍生出人生的处世法则。例如，平均数表示一个群体特性的集中趋势。它告诫我们：人生一切行为，应以中庸为法则，既不可过分自我膨胀，也不宜过分自我矮化。又如变异数，代表一个群体特性相互差异的程度。它告诉我们：人生道路上高低不平，所谓"世道崎岖人心险恶"，我们必须有"居安思危"的警觉，处处

小心谨慎。再如随机抽样，指在有限的人力、财力下，以较少样本之特征值来推测大量群体之现象。人生有许多事，可用随机抽样方法来处理，以收获事半功倍之效。随机抽样的同等机会性代表公平无私，不确定性告诉我们要尽人事、听天命。最后如正态分布，是概率论中最重要的一种连续性随机变量分布，其图形称为钟形曲线。自然界的很多资料，皆用此曲线描述，人生应以自然为法则，自强不息，并建立中心信仰，以为指针。其实在数学教学中类似这样的思政点有很多，需要教师细心地去发掘、运用。

（五）利用数学之美，培养学生严谨的作风和擅于发现美的眼睛

数学其实不是一门枯燥乏味的学科，部分学生觉得枯燥，只是因为他们还没有理解数学。人们将数字语言、数、式和图形赋以新的含义，就会使之充满人生哲理和丰富的寓意美，这代表人们的审美观已进入更高的层次。数学中包含许多美学因子。古希腊数学家普洛克拉斯有一句名言："哪里有数学，哪里就有美。"亚里士多德则说："虽然数学没有明显地提到善和美，但善和美也不能和数学完全分离。因为美的主要形式是'秩序、匀称和确定性'，这些正是数

学研究的原则。"我国数学家华罗庚也说过，"就数学本身而言，是壮丽多彩、千姿百态、引人入胜的……认为数学枯燥乏味的人，只是看到了数学的严谨性，而没有体会出数学的内在美"。数学既有可以通过几何图形直接欣赏的外在美，如形象之美、对称之美等，也有把代数几何等知识结合后得到的内在美，如简洁之美、严谨之美、逻辑之美等。数学的内在和谐还在于当今的许多数学知识分支的统一：解析几何把数与形有机结合在一起；一度被排斥在门外的概率学也被搬上了数学的大雅之堂。随着学生对数学学习的不断深入，数学的各种分支（如代数、几何、概率等）都会产生错综复杂的各种联系，它们既相互独立又紧密结合，和谐统一。数学的美也会逐次展现出来。毕达哥拉斯学派更是认为万物最基本的原数皆是数，数的原则统治了宇宙中的一切现象。

三、结语

课程思政现在已经成为教育领域的共识，数学教师应当深度理解课程思政的重大意义，深入挖掘每个数学符号及各教学环节中所蕴含的思政元素。从人格培养、数学思维培养、爱国主义教育、辩证唯物主义教育、价值观塑造等多个维度全方位推进思政教育。

思政教育对教师提出了更高的要求。在备课阶段，教师在精研教材、吃透教材的基础上要深入挖掘思政元素，做好课程设计，避免生硬植入结合，为了"思政"而"思政"，要结合教学内容进行合理的设计；在授课过程中，要自然引入课程思政的内容，把学科知识点和思政内容有机结合，让学生在自然流畅的授课过程中，既学习了专业的知识内容，又接受了思政教育，做到润物细无声。

课程思政融入中职数学教学的途径

郭　玥

一、引言

　　课程思政的核心任务就是立德树人。中共中央办公厅、国务院办公厅印发《关于深化新时代学校思想政治理论课改革创新的若干意见》要求：深度挖掘各学科门类专业等所有课程蕴含的思想政治教育资源，发挥所有课程育人功能，使各类课程与思想政治课同向同行，形成协同效应。可见，"课程"是"思政"育人的载体。

　　数学课程承载着落实立德树人根本任务、发展素质教育的功能。数学课程能够帮助学生掌握现代生活和进一步学习所必需的数学知识、技能、思维和方法；帮助学生提升数学素养，学会用数学眼光观察世界，用数学思维思考世界，用数学语言表达世界；能够促进学生思维能力、实践能力和创新意识的发展，引导学生探寻事物变化规律，增强社会责任感；为学生形成正确的世界观、人生观、价值观发挥着特殊的作用。

本文以人教B版《普通高中教科书·数学》（以下简称新版教材）为主要研究对象，通过"数列"这部分内容，分析、挖掘教材在编写过程中涉及的思政育人元素，探索将思政育人元素和数学知识合理融合的有效途径，以落实立德树人根本任务。

二、梳理教材内容，挖掘思政元素

"数列"是中职阶段数学学习的重要内容之一，新版教材在导语、情境问题、例题、课后练习中均提供了可以发掘的思政元素，并加入了运用数学知识解决有关问题的阅读思考内容。通过认真梳理新版教材中"数列"有关内容，笔者列举了可以进行课程思政教学设计的部分内容（见表1）。

表1 "数列"相关内容的思政元素统计

分类	章节内容	思政元素
本章导语	门捷列夫修正元素原子量的故事	从数列应用的角度阐述发现规律和应用规律是科学研究的一种重要方法

续表

分类	章节内容		思政元素
情境问题	5.1.1 数列的概念	例子1：我国古代哲学著作《庄子》引言："一尺之锤，日取其半，万世不竭。"	人生哲理，树立正确人生观
		例子2：分期付款	引导学生理性消费，不透支消费，树立正确价值观
	5.1.2 数列中的递推	电子书销售量	培养爱阅读的好习惯
	5.2.1 等差数列	例子1：我国的十二生肖纪年习惯	渗透中华传统文化
		例子2：我国鞋号确定方法	体现工匠精神，引导学生用数学眼光观察世界
	5.2.2 等差数列的前n项和	剧场安排座椅数量	从生活实例中抽象出数学问题，引导学生用数学眼光观察世界
	5.3.1 等比数列	例子1：细胞分裂	哲学思想：量变的积累达到质变
		例子2：木棒截半问题	哲学问题：树立正确人生观
	5.3.2 等比数列的前n项和	计算机传播信息	辩证的哲学思想 网络信息安全、法治教育
例题	5.1.2 数列中的递推	斐波那契数列	数学史
	5.2.2 等差数列的前n项和	教育储蓄问题	中华传统文化、树立正确价值观
	5.4 数列的应用	大学生自主创业	树立正确的人生观、价值观

分类	章节内容		思政元素
课后练习	5.1.1数列的概念	古代毕达哥拉斯学派提出的三角形数	数学史
	5.2.2等差数列的前n项和	我国古代数学名著《算法统宗》记载的数学问题	数学史、中华传统文化
	5.3.1等比数列	我国研制的超级计算机"神威·太湖之光"	大国重器、工匠精神
	5.3.2等比数列的前n项和	植树造林	社会主义核心价值观教育、生态文明建设
	5.4数列的应用	我国古代数学名著《九章算术》记载的数学问题	数学史、中华传统文化

三、教学中融入课程思政的途径

（一）数学课程中思政元素的主要内容

1.爱国主义精神的培养教育

　　家国情怀是人类最基本的情怀之一，它穿透岁月，对人们的精神具有重要的支撑作用。新时代更加突出家国情怀的教育任务，这是由国家与家庭的密切关系所决定的。在我国古代思想中，"国"是天下之根本，"家"又是国之根本，个人则是家之根本。教师应根据数学教学的内容，深入挖掘家国情怀元素，培养学生的家国情怀。围绕"数列"单元，教师可引导学生阅读我国古代著名的数学专著，如《周髀算经》《九章算术》等，帮助学生了解数列知识的发展历史以及我国古代数学取得的杰出成就，从而增强学生的民族自豪感，培养学生的家国情怀，使学生以主动、自觉的态度投入学习。

例1：

早在1261年，南宋数学家杨辉所著的《详解九章算法》一书里就已经出现了二项式系数，下图被称为杨辉三角，是二项式系数在三角形中的一种几何排列，用以解释二项和的乘方规律。杨辉指出这个方法出自《释锁算术》，北宋的数学家贾宪（约公元11世纪）在他之前已经用过此方法。

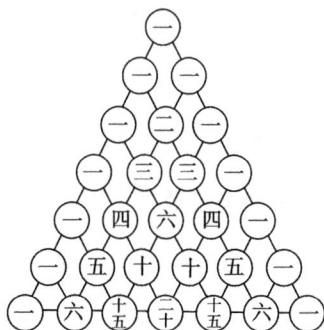

分析：杨辉三角是中国悠久数学文化的代表之一，其蕴含着丰富的数学规律。从杨辉三角的斜向或横向看，各

列各行的数字均代表着不同数列，这些看来互不相关的数列通项公式以及求和公式，却在杨辉三角中直观地得到了答案。通过对杨辉三角的学习，从中寻找规律，以拓宽学生的数学视野，构建完整的知识体系，从而达到融会贯通的效果。杨辉三角的发现要比欧洲早500年左右，由此可见我国古代数学的成就是非常值得中华民族自豪的。通过对杨辉三角的介绍，把数学发展史上的名题直接引入现代课堂，是中华优秀传统文化走进课堂最鲜活的实例，可以激发学生民族自豪感，增强文化自信。

我国古代有刘徽、祖冲之、祖暅、杨辉等一大批享誉世界的数学家，以及《九章算术》《数书九章》《算数书》《算法统宗》等数学名著，记载了许多数学名题。教学中将祖暅原理、刘徽"割圆术"、韩信立马分油问题、韩信点兵问题、将军饮马问题、高斯函数、斐波那契数列、阿波罗尼斯圆、米勒问题、皮克定理、勃罗卡点等古代中外名题引入课堂教学，丰富课堂教学资源。

2.科学人文素养的培养教育

数学教学中科学人文素养包含两个方面：科学素养和人文素养。数学科学素养表现为学生在学习数学过程中所具有的创新精神、思维方法等，数学人文素养表现为审美情趣、学习态度、情感意志等。数学是一个充满

"真、善、美"的世界，一方面教会学生求真求实，一点一滴地培养学生精益求精的学习态度；另一方面教会学生发现数学规律之美、运用数学思维之美，陶冶自身的情操。

例2：

"十二平均律"是通用的音律体系，明代朱载堉最早用数学方法计算出半音比例，为这个理论的发展作出了重要贡献。十二平均律将一个纯八度音程分成十二等份，依次得到十三个单音，从第二个单音起，每一个单音的频率与它的前一个单音的频率的比都等于 $\sqrt[12]{2}$。若第一个单音的频率为 f，则第八个单音的频率为（　　）。

A. $\sqrt[3]{2}f$　　　B. $\sqrt[3]{2^2}f$　　　C. $\sqrt[12]{2^5}f$　　　D. $\sqrt[12]{2^7}f$

根据等比数列的定义可知每一个单音的频率成等比数列，利用等比数列的相关性质可解。因为每一个单音与前一个单音频率的比为 $\sqrt[12]{2}$，所以 $a_n = \sqrt[12]{2}\,a_{n-1}$（$n \geq 2$，$n \in N^*$），又 $a_1 = f$，则 $a_8 = a_1 q^7 = \sqrt[12]{2^7}f$，故选D。

分析： "十二平均律"亦称"十二等程律"，是指将八度的音程（二倍频程）按频率等比例地分成十二等份，每一等份称为一个半音即小二度，一个大二度则是两等份。将一个八度分成12等份有着一些惊人的凑巧，它的纯五度音程的两个音的频率比（即 $\sqrt[12]{2^7}$）与1.5非常接近，人耳基本上听不出"五度相生律"和"十二平均律"的五度音程的差别。十二平均律在交响乐队和键盘乐器中得到广泛使用，现在的钢琴就是根据十二平均律来定音的。本题将数学知识与音乐学中的"十二平均律"完美地结合起来，考查了等比数列的有关概念和通项公式的计算。

公元16世纪，明代科学家、音乐学家朱载堉总结前人律学研究的成果，系统地用数学计算十二平均律，总结了十二平均律，使之科学化、系统化。他在1581年发表的《律历融通》中称十二平均律为"新法密率"，在1584年发表的《律学新说》中提到了其计算方法，在1596年发表的《律吕精义》中，公布了详细的计算方法。十二平均律的发明，是律学研究的新突破，为世界音乐文化发展奠定了坚实的基础，对世界音乐史研究有着深远的影响，充分展示了我国在世界律学史上所处的领先地位。这个例题可以丰富学生知识积累，使其理解数学中蕴含的美。

3.个人良好品质的培养教育

良好的品质是衡量学生健康成长的一个重要指标，只有具备了良好的个人品质，才能成为一个人格健全的人、一个对社会有用的人。教师要重视在教学过程中引导学生养成良好的品质。"数列"单元教学中，基于数列知识的复杂性和烦琐性等特点，教师可在解题过程中培养学生严谨、细致的做题态度，帮助学生养成检查作业的习惯。同时，激励学生发扬吃苦、钻研精神，学会思考总结，不断探索数列学习的一般规律。对个人品质的培养，不仅有助于提高学生的学习效率，也会使学生终身受益。

前文举例中有关"十二平均律"的计算，需要学生认真分析题意，准确列出相应数列的符号。数列问题的计算有一定的难度，既可以培养学生数学运算的核心素养，也可以磨炼学生的耐心，培养学生刻苦钻研的精神。

4.哲学思想的培养

伟大的哲学家恩格斯曾经说过："数学，辩证的辅助工具和表现形式。""没有数学，看不到哲学的深度，没有哲学看不到数学的深度，而没有两者，人们就什么也看不透。"[1]这阐述了哲学与数学密不可分的关系。因此，在数学教学中有必要渗透哲学思想，而数列正是很好的素材。

在数列学习的过程中，对等差数列通项公式、等比数列通项公式的学习都是从观察特殊现象开始，通过总结归纳出一般性规律，再经过证明形成一般性结论，最后使用一般性结论解决相关数学问题。

---

① 王志和：《用哲学思想指导数学解题》，《数学教学通讯》2007 年第 4 期。

例3：

观察下列现实生活中的数列，回答后面的问题。

北京天坛圜丘坛的地面有石板布置，最中间是圆形的天心石，围绕天心石的是9圈扇环形的石板，从内到外各圈的石板数依次为9，18，27，36，45，54，63，72，81。①

我国有用十二生肖纪年的习惯，例如：2017年是鸡年，从2017年开始，鸡年的年份为2017年，2029年，2041年，2053年，2065年，2077年……②

我国确定鞋号的脚长使用毫米来表示，常用确定鞋号脚长值按从大到小的顺序可排列为275，270，265，260，255，250……③

你能总结数列①②③的通项公式并得出一般等差数列的通项公式吗？

分析： 引导学生观察特殊现象

数列①从第2项起每一项与它的前一项之差都等于9，

数列②从第2项起每一项与它的前一项之差都等于12，

数列③从第2项起每一项与它的前一项之差都等于-5。

从哲学的角度探究规律：

上述数列①②③的共同特点是：从第2项起，每一项与它的前一项之差都等于同一个常数。

概括本质规律：

等差数列的通项公式：$a_{n+1} - a_n = d$

以此向学生渗透，看问题要从特殊到一般，体现了由特殊现象到本质规律的哲学思想。

例4：

在信息技术高度发达的今天，人们可以借助手机、计算机等快速地传递信息，在这样的背景下，要求每个人都要做到"不造谣，不信谣，不传谣"，否则就要依法承担有关法律责任，你知道这其中的缘由吗？如果一个人得到某个信息之后，就将这个信息传给3个不同的好友（称为第一轮传播）；每个好友收到信息后，又都传给了3个不同的好友（称为第二轮传播）……依此下去，假设信息在传播的过程中都是传给不同的人，则每一轮传播后，信息传播的人数就构成了一个等比数列：

1，3，9，27，81……

如果信息按照上述方式共传播了19轮，那么知晓这个信息的人数共有多少？

分析：教师在讲授例题时，可以利用辩证的哲学思想，引导学生讨论信息传播的两面性：一方面，网络信息传播的迅速发展，使信息传播变得便捷、高效，信息传播超越了地域的限制，公众能够及时获取世界各地的信息，网络信息传播在增强国民的爱国意识和社会责任感等方面发挥了积极的作用；另一方面，网络信息中掺杂着不良信息，如果不加以甄别和思考，随意地转发，就可能带来不可估量的不良后果。因此，要教育学生遵纪守法，传播正能量，自觉抵制网络谣言。

（二）课程思政融入数学课程的有效途径

数学课程融入思政教育不是把数学课变成思想政治课，生搬硬套地讲授思想政治知识，而是要打破传统教学方式，将思政育人与学科知识相结合。笔者认为，在数学教学中渗透课程思政较为有效的方法是教师以教材为出发点，根据教材内容优化教学方法，丰富教学内容，以学生为主体，发挥学生的主观能动性，在整个教学过程中渗透思想政治教育，像盐溶于水一样，润物无声地落实立德树人根本任务。

1.将生活化教学理念融入教学

将生活化教学理念融入中职学校思想政治课堂教学是非常有必要的。课程思政的主要教学目标就是培养学生良好的职业道德素养和行为习惯，让学生具备独立自主的学习意识和能力。中职学生毕业后是要走向社会的，所以教师要改变传统的思政教学方式，引入生活化教学理念，注重对学生实践能力的培养，进而帮助学生以后能够更好地迈入社会。

例5：斐波那契数列与自然界

大多数植物的花瓣数恰好是斐波那契数。例如，马蹄莲的花瓣数为1，虎刺梅的花瓣数为2，百合花的花瓣数为3，蝴蝶兰的花瓣数为5，翠雀属植物的花瓣数为8，万寿菊属植物的花瓣数为13，紫菀属植物的花瓣数为21，雏菊属植物的花瓣数为34、55或89。

分析：这些花瓣的个数有一个规律：1，2，3，5，8，13，21，34，55，89……，它的特点是从第三项开始每一项都是数列中前两项之和，由于这个数列最早是由数学家斐波那契发现，因此就用他的名字来命名，称为"斐波那契数列"。自然界大多数花都符合这个规律。斐波那契数列是非常美丽、和谐、神奇的数列，斐波那契数会经常出现在我们的日常生活中，比如松果、菠萝等。

自然界中存在着许许多多与斐波那契数有关的现象，这些现象表明大自然以斐波那契数的形式来增强它们的生存优势，这也是大自然同数学一样的神奇之处。数学就在我们身边，只要细心观察就能感受到无处不在的数学规律和令人着迷的数学魅力。

2.将社会热点事件引入思想政治课堂教学

近几年病毒传播是社会上的热点问题，通过讨论学习培养学生友善、公正、平等的社会主义核心价值观，珍惜生命、关爱生命。我国在新冠疫情防控方面取得的成就激发了学生的爱国、强国情感，体现了社会主义制度的优越性。病毒与细胞分裂是生物学的知识，通过将数学与其他学科知识结合，拓展学生的视野。

例6：

这几年，席卷全球的新冠病毒给我们的生活造成严重影响，其传染性很强，通过侵入人体细胞，从而破坏人体的免疫系统。假设 1 个细胞每分钟分裂1次，一分为二，经过 10 分钟后细胞的数目是多少？

分析：细胞的数目有一个规律，即 2，2^2，2^3，2^4，2^5，2^6，2^7，2^8，2^9，2^{10}，它的特点是从第二项开始每一项都是前一项的两倍，这个数列对学生们来说从小学到中学反复出现，因此很熟悉。这种教学方式不仅可以很快引导学生进入学习状态，在学习的过程中也有利于培养学生数学抽象的核心素养，还可以激发学生探索自然、刻苦钻研的精神。

四、结语

本文认为将课程思政融入中职数学教学是很有必要的，且具有可行性，这样的课堂教学对于学生而言更加生动，显得"有血有肉"。因此，选择正确的方法，在中职数学教学中适时、适当地落实课程思政，不仅能够激发学生对于数学的学习兴趣，还能够加深学生对于数学史、当下的时事政治等多方面的认知，对于学生的家国情怀、辩证唯物主义观、科学人文素养、个人良好品质等各方面的培养都具有积极作用。作为教师，要及时更新自身的思政资源储备，深入挖掘教材中蕴含的思政元素，提前做好课程思政视域下的数学课堂教学准备，精心设计教学环节，思考课堂教学过程中所运用的教学策略、教学方法等。找准切入点，将课程思政适时、适当地融入中职数学课堂教学中，这对于学生的成长成才起着十分重要的、不可替代的作用。

一脉相承的坚守 与时俱进的追求
——思想政治课的课程思政实践探索

杜　文

一、引言

2016年12月，习近平总书记在全国高校思想政治工作会议上的讲话中指出："高校立身之本在于立德树人。"实则，不仅是高校，可以说立德树人贯穿学校教育始终，是各种类型的学校教育的终极目的。为了实现这一目标，各门课程都必须参与到育人的工作中，这已成为当下学校教育的共识，而思想政治课在如此全员育人、全程育人、全方位育人的大背景下，更彰显出其与众不同而又无比重要的意义。

相较于其他课程，思想政治课与课程思政的关系最为密切，可以说在课程思政理念提出之前，思想政治课就是学校进行社会主义意识形态教育最主要的阵地，是宣传社会主义核心价值观最重要的课堂，思想政治课可以说天然就具备更为完备的课程思政的内容。对于思想政治课教师来说，课程思政似乎并没有给思想政治课带来更多的变化和挑战，遵循思想政治课的教学培养目标，思想政治课的课程思政似乎就可以得到实现。然而真是如此吗？思政老师是否可以以不变应万变，从而在新的教育形式下，依然种好思想政治课的这块"田"呢？尤其对于以艺术学习作为主课程的职业中学来说，思想政治课需要专门考虑课程思政的问题吗？笔者试着结合思政教学对这些问题进行思考和解答。

二、思想政治课中课程思政的必要性

新时代背景下，学校教育的目标不仅是培养有理想、有道德、有文化、有纪律的社会主义事业接班人，更是要培养具备当代中国精神，能够担当民族复兴大任的时代新人。这既是对学生知识技能提高提出挑战，同样也是在考验学生的品格与道德，由此必然对学校教育提出更高的要求。艺术类中等职业学校同样不能脱离这样的背景盲目进行人才培养，有艺无德早已不能适应当下的社会需求与发展，"德艺双馨"已成为此类学校的育人追求，公共基础课的意义不言而喻。

思想政治课是一门学习马克思主义基本理论的课程，是提高学生认识社会、参与社会的能力，培养基本思想政治素养的课程，对于落实立德树人根本任务具有不可替代的"主渠道"作用，在德育工作系统中具有基础性、引领性特点。

然而在实际教学中，相比语数英这样的文化教学中的主课程，学生对于思想政治课的重视程度显然不足，在职业学校教育中，这个问题更为突出，学生首先更在意的是专业课的学习，因此也在客观上造成了思想政治课教学内容缺少变化、教学方法相对单一、教学实效性不足等问题。因此，倘若思想政治课教师不能与时俱进，紧跟国家要求，主动思考课程思政的实践内容与方式，对课程思政进行设计与考查，将政治理论知识与道德价值教育自然融合、同步发展，不但不能发挥思想政治课思政教育主阵地的作用，反而会使思想政治课陷入空泛化、边缘化的危机。

同时，在"三全育人"过程中，思想政治课也有与其他课程协同合作、共同搭建协同育人格局的重要使命，为此充分发挥思想政治课作为思政教育显性课程的优势与特长，对于学校落实立德树人根本任务有更为积极的作用，可谓势在必行。

三、思想政治课开展课程思政的思路

（一）有尊重才有根基——坚守思政之根

无论初中的"道德与法治"及高中的"思想政治"的七个模块教学教材内容进行怎样的重新编排与组合，思政教学都始终贯穿几个方面的重要内容——理想信念、道德品质、政治理论、经济制度、法治素养、哲学原理、文化知识、民族精神，通过对这些内容的学习，使学生明确马克思主义基本原理，对社会主义经济、政治、文化制度等领域的基本知识有明确的认知。这几个模块内容可以说构成了思想政治课的基本框架，因此抓住这些传统思政教育内容就等于把握住了思想政治课开展课程思政的主线，既有中华历史文化的渊源和革命基因，又有鲜明的时代烙印。思政教育要与时俱进，但并非华而不实，基础是对中华优秀传统文化的传承，思想政治课教师在创新时依然不离根脉，获取不竭的动力，让思想政治课始终发挥立德树人的重要作用。

当下我国社会发展进入新的历史方位，创立了习近平新时代中国特色社会主义思想，以习近平同志为核心的党中央对新时代党和国家事业发展作出科学完整的战略部署，提出为全面建设社会主义现代化国家、全面推进中华民族伟大复兴而团结奋斗。这就要求思想政治教育必须时刻不忘自身的根本意义和价值，做到一脉相承、初心不改，始终把社会主义意识形态教育的使命置于首要地位，贯穿课程的全过程，即"一元主导"，守住思政教育之根。同时，立足新时代中国特色社会主义实践，思政教育也需要不断丰富德育内涵、拓展教育教学手段，实现"多元并举"，在课程思政理念下为思政教育开拓出更能滋养学生成长、德智体美劳全面发展的道路。

（二）有发展才有生命——开拓思政之路

《普通高中思想政治课程标准》（2020年修订版）中明确强调：高中思想政治以立德树人为根本任务，以培育社会主义核心价值观为根本目的，是帮助学生确立正确的政治方向，提高思想政治学科核心素养，增强社会理解和参与能力的综合性、活动型学科课程。前文笔者已分析，这恰是思想政治课的立课之根。而若对思想政治的核心素养进行凝练，就会发现除却必要的传统思政要素，思想政治课的内涵也在不断地丰富完善中——政治认同、科学精神、法治意识、公共参与等这些当代中国新的精神特质也被吸收到思想政治课程中，成为思想政治育人价值的体现。故步自封只会画地为牢，思想政治课只有与其他课程协同育人，帮助学生将专业知识转化为认识世界和改造世界的能力和方法，使其成为构建学生精神世界的养分，最终才能为国家培养出有理想、敢担当、能吃苦、肯奋斗的新时代好青年。

1.思政要素的开发

在传统思政要素得到充分彰显的基础上，笔者认为思想政治课之发展，关键要立足中国公民的培养，着眼中国特色，凸显中国观点。

以高中思想政治课为例，包括4个必修和3个选修，共7个模块，分别是必修一《中国特色社会主义》、必修二《经济与社会》、必修三《政治与法治》、必修四《哲学与文化》，选修一《当代国际政治与经济》、选修二《法律与生活》、选修三《思维与逻辑》。倘若仔细分析，思想政治学科的核心素养就是从根本上回答"培养什么人"的问题，这关系到教育根本，也关乎党和国家的事业与发展。为此我们的学生应当具备怎样的时代品质、塑造怎样的价值理念、具备怎样的领悟判断，都是需要教师在新时代背景下慎重思考的，坚守传统是一方面，培养与时俱进的必要政治素养则是另外重要的一方面，因此从现有教材中着力开发新的思政要素就非常必要了。举例来说，《中国特色社会主义》中包含的习近平新时代中国特色社会主义思想、总体国家安全观，《经济与社会》中阐释的改革创新、新发展理念，《政治与法治》中说明的依法治国、全过程人民民主、中国式现代化等，《哲学文化》中明确的马克思中国化时代化最新成果，《法律与生活》中介绍的人格权、身份权、知识产权、劳动者权利与义务、婚姻与家庭等，《思维与逻辑》中讲解的科学思维、辩证思维、创新思维、形式逻辑等，这些知识最终体现在育人价值中，有助于学生形成正确价值观念、必备品格与关键能力。

这些要素似乎与传统思政要素有着千丝万缕的联系，但是又泛着时代之光。老师在具体授课中不可孤立、随意待之，浪费了这样好的思政要素。而要立足于新时代新征程，从"新"的视角，以"新"的理念来传承中华优秀的传统文化，赓续红色血脉，弘扬革命精神，引导学生全面深入学习习近平新时代中国特色社会主义思想。

2.思政素材的开发

习近平总书记指出，思想政治课的本质是讲道理，要注重方式方法，把道理讲深、讲透、讲活。如何才能达到这样的效果，值得深入思考的地方很多，其中之一就是思政素材的开发。讲道理的课很容易满堂灌输，从理论到理论，把人讲疲、讲晕、讲睡，这就是照本宣科的必然结果，干巴巴的没有生命的道理，即便是新的要素也不能产生"深""透""活"的效果。因此，无论培养何种思政核心要素，都需要教师从固有的思维中走出来，把眼光投向当下的现实社会，从实践中搜集素材，讲好中国故事，凸显中国自信。

例如，为了让学生更好地理解"文化自信是一个国家、一个民族发展中更基本、更深沉、更持久的力量。当代中国，铸牢中华民族共同体意识，要以认同、传承和发展中华优秀文化为前提"这个观点，笔者放弃了展示四大发明等中华优秀传统文化精髓的内容，而是选择了展示 2008 年奥运会开幕式和 2022 年冬奥会开幕式的精彩片段场景，以此作为引发学生共鸣和深入理解的素材。

2008 年奥运会千人击缶的磅礴气势，将中国人的精气神发挥得淋漓尽致；沿中轴线次第绽放的脚印烟火，使得"让奥运会一步一步走进北京"的概念以视觉具象化方式呈现出来；2022 年冬奥会开幕式上中国特有元素"二十四节气"的倒计时，国家体育馆内冰雕奥运五环"破冰"而出的过程……中国人的团结友爱，中国人的清新浪漫，中华文化的博大精深、丰富深邃就一一呈现在学生面前。直观的视觉冲击，让学生热血沸腾，由衷地为国家的强大、民族的富强、人民的幸福感到激动与自豪。不需要老师再喋喋不休地讲述，文化自信的种子已经种在学生心中，学生完全可以认识到文化自信就是一个民族、一个国家以及一个政党对自身文化价值的充分肯定和积极践行，有利于更进一步将这种文化自信演变成文化自觉。

3.教学途径的探索

思想政治教育既不是空洞说教，也不是"喊口号"，同所有的课程一样要注重发挥学生的主体作用，要有意识地运用多种方式激发学生学习兴趣和主观能动性，使思政的理论教育也能走入学生心底。为此必须探索有效的教学途径，走出教师单方面说教的"舒适区"，通过增强与学生的互动性，提升学生的体验感，利用合作讨论、专题研讨、案例分享、情境激发等方式，发现学生内在需求，引发学生学习兴趣，促进学生认知能力培养，从而将思想政治课之政治高度、理论深度、思想辨度有魅力地呈现在学生面前，课程思政的效果必将得到有效提升。

例如，在学习"习近平新时代中国特色社会主义思想"时，笔者设计了一个主题："中国共产党为什么能？中国特色社会主义为什么好？马克思主义为什么行？"运用议题式教学方式，带动起整节课的学习。首先，安排学生收集党史视频资料，制作成PPT，详细了解中国共产党百年风雨历程，为课堂教学做好准备。其次，授课中，让学生对资料进行分享，并结合材料呈现的事实，分组围绕议题进行分析阐释，探讨现象背后的原因，鼓励学生踊跃发言。最后，老师针对学生的分析结果，扣住议题核心，对议题进行归纳总结。如此围绕议题的讨论，将知识嵌入议题，创设思考场景，明确价值导向，多角度引入观点，归纳升华，形成知识框架，更好渗透了育人目标。

再如，在学习马克思主义哲学辩证法内容中关于"整体与部分辩证关系"的知识时，笔者设计了一个辩论赛的学习任务：正方观点是"成大事者不拘小节"，反方观点是"成大事者必拘小节"。创设辨析的情境，设计价值冲突，培养学生主动思考的能力。这个辩题不仅能够让学生在实践中学习体会辩证思维这个哲学逻辑思维方式，同时也渗透着"成事"与"细节"、"目标"与"态度"这样的思政点。通过辨析式学习路径的创设，指导学生分组收集素材、组织论据、课堂辩论，最终形成对"整体与部分辩证关系"完整全面的认识，同时也深化了对"树立全局观念、统筹全局，重视部分的作用，以局部发展推动整体发展"的认知，利用这些学生参与度更高的方式在理论知识教学中达成思政育人的目的。

四、结语

　　思想政治课是对青少年进行政治素养和道德品质培养的基础课程，是培根铸魂的重要基地，有助于指导学生"扣好人生第一粒扣子"，从而树立正确的世界观、人生观、价值观。党的二十大报告要求"坚持为党育人、为国育才，全面提高人才自主培养质量，着力造就拔尖创新人才"，为落实立德树人根本任务、办好人民满意的教育指明方向。思想政治教育要贯彻党的教育方针，因此作为思想政治课教师，不能放弃课程思政这个教学前提，以课程思政引领教学方向与内容，努力提升自身政治素养和教学水平，为培养德智体美劳全面发展的社会主义接班人而努力。

浅谈课程思政背景下思想政治课
德育功能的强化

闫小满

一、引言

（一）课程思政的概念与价值

在习近平总书记关于教育的重要论述的指导下，全国各类学校就"怎样培养人"的问题进行了不同程度的探索与思考。有学者认为，课程思政是以育人作为最终目标，以各门教学课程为主要渠道，以马克思主义理论为指导，通过从管理、运行及评价等方面统筹教学资源，提升专业课教师价值观渗透意识和渗透能力的思想政治教育活动。课程是思想政治教育得以进行的重要载体，课程之中所蕴含的情感、价值观，正是思想政治教育所要寻找的"附着点"。因此，课程思政就是以课程作为重要渠道，以隐性的方式进行的一种旨在将思想政治教育的内容、要求和原则与各门具体课程有机结合的思想政治教育形式。

课程思政在引导学生塑造独立人格、提升道德品性以及培育公共精神方面发挥着重要价值。"塑造人格、提升品性和培育公共精神"这一方面相对于"增加知识储备"具有隐性的特征，而课程思政正好可以通过其隐性的思想政治教育功能来解决这个问题。课程思政促进了育人模式创新，进而实现了各类课程与思想政治课的同向同行。思想政治教育所要达到的是立德树人的育人效果，这种育人效果需要全部课程同时发力、同向发力方能达成。与此同时，课程思政开展不仅包含隐性育人的作用，同时更涵盖显性育人的作用，不仅有助于加强各类学校思政教育的改革与创新，也能使其全面育人能力得到提升。

（二）课程思政工作的核心要义

1.课程思政应当与思想政治课程同向而行

学校所培养的学生，最终是为了社会的发展而服务的，要培养出符合国家政治要求、为中国特色社会主义建设服务的人才。因此，各类学校对于每一门课程在价值观和情感意识上都应当有教育要求，这也是我国国家性质所决定的。从课程的定位及属性来看，思想政治课程是传播马克思主义的重要路径。因此，使课程思政与之同向而行，确保两者在政治素养培养和育人目标上具有一致性。

2.课程思政的育人目标是培养社会主义建设者和接班人

为祖国建设培育什么样的人才，该以何种形式培育人才，这是需要学校重点关注的问题。《高等学校课程思政建设指导纲要》也有所指明，即推进课程思政建设，确保专业教育与思政教育合力发挥作用，不断挖掘不同课程和教学方式中所蕴藏的思政教育内涵。各门课程中都要体现马克思主义的立场、观点和方法，有机融入习近平新时代中国特色社会主义思想。具体实践中，要在传授专业知识的过程中有意识地渗透马克思主义的基本原理，包括人民立场、阶级立场等立场，世界统一于物质的观点、物质决定意识的观点、人民群众创造历史的观点、人的全面发展和社会全面进步的观点、社会存在决定社会意识的观点、事物矛盾运动规律的观点、人类社会发展规律的观点、实践与认识辩证关系的观点和阶级与阶级斗争的观点等原理，以及历史分析的方法、实事求是的方法、阶级分析的方法、辩证分析的方法、社会基本矛盾与主要矛盾分析的方法和群众路线的方法等方法，从而培养出合格的社会主义建设者与接班人。

二、如何强化思想政治课的德育功能

在课程思政的大背景下，各门学科都对课程思政进行了探索和应用，并取得了显著的成果，思想政治课作为思想政治教育的主阵地，如何强化德育功能是政治课教师应该着力研究和探索的问题，下面是笔者对这一问题所作的思考。

（一）强化思想政治课的德育功能的重要性

1.转变教育观念

思想政治课教师必须转变思想观念，充分认识德育对青少年健康成长的重要性，杜绝口头上重视、思想上轻视、行动上忽视的现象。思想政治课的主要任务就是提高学生的思想政治理论水平，提升学生认识社会、适应社会的能力。思想政治课教师在备课、上课、考试等一系列环节都应围绕德育这一核心任务展开，走出"舒适区"，强化思想政治课的德育功能。

2.处理好传授知识与德育的辩证关系

处理好传授知识与德育的关系，是提高德育意识、强化德育功能的前提。思想政治课教学中，基础知识的传授与德育的培养是辩证统一的。对学生进行以马克思主义为指导的社会科学知识的传授，是为了使学生学会运用马克思主义的立场、观点、方法去认识事物和社会现象，从而形成正确的社会道德观念、科学的世界观和人生观。由此可见，传播社会科学基础知识是德育的基础，而德育则是传授基础知识的目的和归宿。因此，在教学中，要做到知识教育与德育的有机结合，建立起以德育为核心的知识教学体系。

3.把握正确的德育方向

思想政治课教学的核心就是"培养什么人"的问题。不仅需要有扎实的文化知识和过硬的专业技能，更需要有远大的理想、高尚的道德情操和坚定的人生信念。中学生正处于世界观和人生观的形成时期，正面临着纷繁复杂、丰富多样的社会生活，如果没有崇高的理想、正确的道德信念作为引导，就很难保持清醒的头脑和作出正确的选择。因此，教师在教学中必须把爱国主义、集体主义、科学人生观、共产主义理想、法律纪律教育作为思想政治课教学的重点和根本，用科学的理论武装学生头脑，使学生在潜移默化中坚定理想信念、厚植爱国主义情怀、加强品德修养，使其成为建设祖国的栋梁。

（二）强化思想政治课德育功能的途径

1.改进教学方法，提高学生的综合素质

思想政治课教学只有不断改进教学方法，调动学生的积极性和主动性，才能提高教育教学效果。《高中思想政治课程标准》序言中明确指出："时事教育是思想政治教育的重要组成部分，时事教育的内容是对思想政治课教学内容的主要补充，是保证思想政治教材相对稳定的重要环节。"时事教育是实施素质教育的重要途径。时事教育中关于党的路线、方针、政策的教育，可以有效提高学生的思想觉悟，通过重大时事综合评析还可以培养学生的分析能力。通过讲述国际国内重大事件，培养学生关心祖国发展和人类命运的良好政治素养。时事政治所涉及的社会热点、焦点问题很大程度反映了当今生活实际，关心时事是政治课堂的延伸，如爱国主义教育、国情教育、民族教育等，打破了课堂之内师生之间的时空局限，使思想政治课变得丰富多彩。

2.探索新的教学模式

思想政治课教师在教学内容上不能仅仅局限于教材，要紧密联系现实生活，根据不同时期社会上出现的热点问题，结合学生的思想实际，有针对性地开展教学活动。在

教学方式、方法上要灵活多样，把课外阅读、社会实践、撰写小论文、时政讲座、讨论会、演讲会、辩论会等方式引入教学中来，形成开放的、多样的思想政治课教学模式。把握和处理好以上几个方面的问题，可以起到强化思想政治课的德育功能，提升教育教学效果的作用。

三、结语

总而言之，在中国特色社会主义进入新时代新征程的今天，思想政治课要引导学生立足我国发展实际，树立远大理想，将个人理想融入推动时代进步的进程中去。与此同时，各门学科与课程思政同向而行，正确把握课程思政建设的育人目标，全面提升人才质量，确保学生不仅能丰富知识、增长见识，还能获得品格的提升，增强爱国情怀，让青春在全面建设社会主义现代化国家的火热实践中绽放绚丽之花。

浅谈中职教育教学改革中课程思政的意义

王 丹

一、引言

课程思政是贯穿教学始终的重要教育环节，旨在引导学生树立正确的世界观、人生观和价值观，增强学生的国家意识、民族意识和社会责任感。

教育教学与课程思政的融合是新时代中职教育改革的重要方向之一。将思政教育与学科教育紧密结合，不仅可以提高教学的质量和效果，帮助学生更好地理解和应用知识，培养学生的创新思维和解决问题的能力，还能让学生在学习知识的同时，在思想道德情操方面得到全方位的培养与塑造。

（一）课程思政中守正与创新的意义

课程思政中守正与创新是非常重要的。守正重在秉持正道，坚持传统文化和优秀的价值观念，创新则要求我们在守正基础上发挥创造力，发展新思想和新方法。守正意味着继承和发扬中华文化的优秀传统和思想，通过学习传统文化，学生可以更好地理解中华文化的深刻内涵，增强民族自信心和认同感。创新要根据时代和社会发展的需要，探索新思路和新方法，通过创新，可以提高课程思政的针对性和实效性，使其更加贴近学生的生活和实际需求。创新只有建立在守正的基础上，才能推出更多更好更优秀的思想与文化。

（二）语文学科课程思政的意义

语文学科是课程思政的重要载体之一。语文学科教学涉及对语言文字听、说、读、写等多个方面的教学，有对优秀作品的分析讲解与深入探究，也有对优秀思想文化的深入解读与探讨，可以通过这些方面的教学，全方位地引导学生树立正确的思想和价值观。语文教材中所选取的课文，都是古往今来，经过历史检验的名家名篇，承载着中华民族各个阶段的优秀文化，同时也包含着很多外国的优秀作品，这些作品中都寄寓着人类文明的光辉。语文教学重在理解文章、思考文意、领会精神的过程，是对学生思想认识的一次又一次塑造，课程思政在语文教学中可以实现自然融合。

二、中职语文教学课程思政的守正与创新

（一）以守正之心落实高中课内篇目的思政教育

语文课程中的古代文学和现代文学作为重要的教学内容都蕴含着守正的精神，需要在课程思政中充分体现其中闪光的人文思想。

古诗文是我国传统文化的重要组成部分，具有极高的思想性和艺术性。在高中语文课程中，通过对古代文学的学习，可以加深学生对传统文化的认识和了解，增强他们的文化自信心和民族自豪感。同时，也可以在课程思政中体现传统文化中的守正精神。

以文言文为例，学生通过学习古代文言文篇目，能够深入了解古人的思想观念和价值观念，加深对中华传统文化的认识和理解。例如，在教学中我们不难发现《论语·学而》中的"学而时习之，不亦说乎"反复出现在教材中，从小学"日积月累"中的名言警句，到初中语文课本中的《论语十则》，再到高中语文教材中的《论语十二则》。"学"是认知新事物，"习"是反复加深记忆，并获得全新感悟的过程，在这个过程中也许会历经很多艰难、困

惑，甚至会反复经历，但最终解除疑惑后就会收获新知，开启新视角、打开新思路进而给人带来心理上的充实与满足，以及思想认识上的升华与灵魂上的自我更新，这些快乐是学习独有的魅力。教师在讲授篇目的同时，也要培养学生端正的学习态度，使学生形成不断探求新知、温习领悟的良好学习习惯，并将此运用到生活的方方面面中。

再如教材中节选《大学》章句，"格物、致知、诚意、正心、修身、齐家、治国、平天下"，由此可以看出，在君子立德修身的过程中，"诚意"与"正心"在"修身"之前，也就是说使自身获得完备的道德修养之前，要将意念与思想端正到位。秉持着端正的心与意，才能修养自身的品格，才能在日常点滴中汲取正念、正道，可见"守正"的重要性。

除课本学习外，生活处处是课堂，世界处处有新知。在不同的领域，我们都应保持端正的认知态度和良好的治学习惯。这便是语文课程思政中守正作用的体现。我们的语文课堂思政教育能把具体的篇章教学融入学生的实际生活中，对学生的人格塑造起到至关重要的作用。

当代中国青年生逢其时，施展才干的舞台无比广阔，实现梦想的前景无比光明。习近平总书记强调，青年的素质和本领直接影响着实现中国梦的进程。因此，学生必须树立随时学习、不断学习、终身学习的理念，积蓄充分的力量和基础，才能肩负起时代赋予的重任。

（二）课程思政在语文学科中的自然融合

语文学科是一门极具人文精神的综合性学科，既包括语言文字学习，又包括文学欣赏、思想品味、文化传承等诸多方面。我们的课程思政不能突兀地出现在日常语文教学中，而是要让课程思政在语文学科中自然融合。

首先，语文学科教学中自带的文化底蕴和思想内涵为课程思政的融合提供了基础。语文学科起到对中国传统文化传承和发扬的作用。教师在语文教学中，教授中国传统文化中的经典名著、古代文献、中国现当代优秀文学作品、名家作品等，这些作品往往蕴含着深刻的思想内涵，这些思想内涵符合时代精神和社会主义核心价值观的要求，让学生通过阅读、分析，进一步加深认识和理解，有利于学生思想道德建设和全面素质发展。

其次，语文学科中语言文字的学习和文学艺术的欣赏相互促进，有助于学生形成正确的思想态度和良好的品格修养。在语文学科的学习过程中，学生需要通过阅读、写作等方式学习语言文字的知识和运用技能，同时也在欣赏文学艺术作品的同时，感受其中的情感、思想、审美等方面的内容。这种综合性的学习过程有利于学生形成全面的人文素养，提高他们的人文关怀和社会责任感。

（三）语文学科课程思政中的创新

语文学科的课程思政不仅需要守正，更需要创新。在中职语文教学实践中，守正与创新是课程思政不可分割的两个方面。

在语文课内文本的守正精神的基础上，我们可以将创新的理念融入语文写作教学，引导学生在守正的基础上创新写作思路，塑造正能量的人物故事情节。学生在语文写作中可以通过表达自己的思想感情来展现自己的文化素养和道德情操，这也是语文学科课程思政的重要体现。

在语文写作教学中，散文和议论文是常见的文体。散文通常以文学形式表达作者的感性体验和生活感悟，而议论文则是以逻辑和理性的方式展现作者的思想和观点。在写作教学中，教师可以引导学生通过散文表达对生活的感悟和对美好事物的追求，同时也可以引导学生通过议论文探讨社会热点问题和关注民生问题，让学生在写作中思考社会发展和个人成长的重要性。学生可以进一步扩展自己的视野，汲取生活中的人生经验和启示，并在笔端创新输出。同时，要着重引导学生有大格局、大视野，当代中国青年，应该具有爱国情感、家国情怀、民族自信与使命担当。

三、结语

总之，语文课程思政的守正与创新是教育教学改革中的一项重要任务。中职语文教学可以引导学生通过广泛阅读来丰富视野，提高思维能力，同时也可以将阅读与思政教育相结合，让学生在阅读过程中感受到思想和精神上的启迪与滋养。通过语文学科与课程思政的自然融合可以更好地推进课程思政建设，使其发挥更大作用。

言为心声

——在网络语言对规范语言冲击的背景下探索语文课程思政的有效途径

武春利

一、引言

言为心声，"语言建构与运用"作为语文核心素养的基本组成部分，其工具性特征是语文学科课程思政中的重要支点。2021年，教育部、国家语委负责人就《国务院办公厅关于全面加强新时代语言文字工作的意见》答记者问时指出，新时代语言文字工作要以习近平新时代中国特色社会主义思想为指导，按照党中央、国务院决策部署，强调坚持以人民为中心的发展思想，……推进语言文字规范化、标准化、信息化建设，……构建和谐健康语言生活，传承弘扬中华优秀语言文化，提升国家文化软实力，为铸牢中华民族共同体意识、建设社会主义现代化强国贡献力量。由此可见，语言规范化是新时代语言工作的重要任务之一。

当下，学生的规范语言已受到网络语言的强势影响。

网络语言是"自由放任的语言，惜时如金能省就省，具有独特的互动性"[①]，它由英语字母、数字、缩写、谐音甚至表情符号等形式构成新词，在构词、内涵、美感以及所表达的人生态度上都有所欠缺。学生作为网民的主要构成部分，微博、微信等网络交际媒体在相当大的程度上已经成为他们语言生活的主要交流平台。学生们被网络语言幽默、新奇等特点吸引的同时，对网络语言的使用出现了一些令人担心的现象：一是对错别字的高度容忍、随意的缩略语、错乱的语序、非汉语符号、异形同义词等语言不规范的表达；二是不分场合随意使用，语文课堂、日常习作中常常可见网络语言的踪影。这种情况不仅会影响学生规范语言的建构，也会对学生的语言观、价值观等方面产生一定的负面影响。

（一）从强化规范语言方面落实课程思政的必要性

网络环境和网络语言事实上已构成学生规范语言建构与发展的不利因素，直接影响到母语教育全面提升学生语文核心素养目标的实现，不利于通用语言文化的传承。面对当前较为复杂的语言环境和语言应用现状，语言规范化

---

① 刘海燕:《网络语言》，中国广播电视出版社2002年版，第98页。

更加凸显出重要的意义。

1.语言规范化为通用语言的发展提供重要保障，是传承民族优良文化的具体体现

通用语言的发展当然需要新元素的不断加入，吐故纳新方可生机盎然，但这并不影响语言规范化对通用语言发展起到的积极作用。相反，通用语言正是依托语言规范化去除失去生命力的元素，选择吸收优良的语言营养，促进自身的健康发展。党的十八大报告中明确指出，"建设优秀传统文化传承体系，弘扬中华优秀传统文化。推广和规范使用国家通用语言文字"。党的二十大报告中继续强调"加大国家通用语言文字推广力度"的要求。政府颁布的一系列文件，均将"规范"作为通用语言生活的重要内容，规范的意义可见一斑。语文教育者是通用语言发展不可或缺的参与者和推动者，在面对包括网络环境与网络语言在内的复杂多样的影响因素时，应不断推进语言的规范性，为通用语言的发展助力。

2.语文课程思政多着力于人文性，对工具性的重视程度不足

说到语文课程思政，教育工作者常常从文章的主旨、文中的人物形象、文学背后承载的思想文化、经典著作呈现的哲学理念的角度等挖掘思政点，落实"真、善、美"

的社会主义核心价值观。然而，语文课程区别于其他课程的重要表现之一就是学习运用祖国语言文字，如果在行课过程中忽略从语言文字层面思政，单纯地着力于文意角度的思政，那么语文课程思政就缺失了语文味，只是将"语文"与"思政"简单相加，这样做会割裂语文课堂的"一体四面"（文字、文章、文学、文化）的有机统一，严重的还会使语文课变成政治课，这无疑背离了课程思政的初衷。因此，语文教师应重视语言文字对课程思政的重要意义——言为心声，挖掘语言文字蕴含的天然的思政点，才能更好地实现语文课程思政的目的。

（二）从强化规范语言方面落实课程思政的可行性

1. 规范语言是传承中华优秀传统文化、实现课程思政的重要载体

学生只有学好规范语言，具备一定的表达能力，能够根据情境需要正确、恰当、自如地运用各种表达方式、修辞手法、名言警句等语言知识，才能更好地做到言之有物，言之有理。这些知识与能力是规范语言的重要组成内容，为学生"语言建构与运用"这一核心素养的形成提供了必要的保障。规范语言的学习在提高学生语言表达能力的同时，也在培养学生对语言的审美意趣。庄重典雅

的规范语言促使学生形成良好的语言观，不仅能保证学生顺畅地交际，帮助学生根据交际对象、交际场合的差异来选择恰当的语言表达形式，而且可以培养学生的语言辨析能力，通过对中华优秀传统文化的学习潜移默化地激发他们热爱祖国语言、积极参与文化建设与传播的内驱力。

2.《普通高中语文课程标准》（2020年修订版）提出关于语言运用的具体要求

课程性质中明确指出："语文课程应引导学生在真实的语言运用情境中，通过自主的语言实践活动，积累言语经验，把握祖国语言文字的特点和运用规律，加深对祖国语言文字的理解与热爱，培养运用祖国语言文字的能力；同时，发展思辨能力，提升思维品质，培育社会主义核心价值观，培养高尚的审美情趣，积累丰厚的文化底蕴，理解文化多样性。"课程目标强调，通过学习运用祖国语言文字，体会中华文化的博大精深、源远流长，体会中华文化的核心思想理念和人文精神，增强文化自信，理解、认同、热爱中华文化，继承、弘扬中华优秀传统文化和革命文化。……关注并积极参与当代文化传播与交流，在运用祖国语言文字的过程中，坚持文化自信，提高社会责任感，增强为中华民族伟大复兴而奋斗的使命感。

二、依托教材文本强化课内规范语言的学习，探索课程思政的有效途径

　　语文教材是学生加强规范语言学习的媒介，语文教师应深入挖掘教材文本中的思政元素，落实育人目的。加强教材中规范语言的学习，可以进一步丰富学生规范语言的积累，让学生的语言表达更准确、更生动、更优美；可以有效提高学生的语言感悟力，让学生对传统文化的感知更敏锐，理解更透彻；可以潜移默化地帮助学生树立规范性标准，让学生在错综复杂的语言生活中特别是面对网络语言时辨析对错、美丑，树立健康的语言观。

（一）在规范语言的品析鉴赏中，探索课程思政的落点

1.重视朗读，唤起学生对规范性语言音韵美的感知

　　朗读是一项重要的语文活动，它将语言文字中所蕴含的音形义通过发声而外化，语音、语调、语感在抑扬顿挫中呈现高低起伏的美感，学生通过朗读建立起对语言的感性认知。在日常的教学中，语文教师常常因教学时间有限而忽略朗读，直接进入对文本内容的分析，使得文本"语

言"的示范功能大大弱化。重视朗读不仅可以使语文教学中"语言"与"文学"的比重更加平衡，更重要的是可以让学生含英咀华，特别是在古诗词教学中，应重视朗读环节，让学生在因声求气中吟咏诗韵，获得规范性语言的滋养，更好地感知规范性语言的音韵美。

如李清照的《声声慢》中"寻寻觅觅，冷冷清清，凄凄惨惨戚戚"一句，7个叠词极富音乐美。其中"清清""凄凄惨惨戚戚"均是齿音，"点点滴滴"是舌音。舌齿音在发音时都不响亮，发声有阻力，借以表达一种一字一泪的音乐效果。学生通过朗读，可以深刻地体会音韵的徘徊婉转，更好地体悟词人感情上的层层递进，切实地把握作品顿挫凄绝，如泣如诉的独特情韵。

2.强化鉴赏，激发学生对规范性语言形式美和内容美的热爱

学生通过对经典篇目、精彩段落、个别字句在修辞、表达方式及遣词用字等方面的品鉴赏析，发现规范性语言的形式美和内容美，为最终建构学生自身的语言体系打下坚实基础。

第一，从语言知识的角度，发现规范性语言的妙处。

在品鉴文学作品的过程中，引领学生发现中国特有的词语类型量词，在表现语言艺术方面发挥着重要的作用。

如苏轼的《定风波·莫听穿林打叶声》中写道"一蓑烟雨任平生"，一个量词"蓑"字极富画面感，学生仿佛看到了几经政治磨难的古人享受平凡生活的乐观心态。

在文言文的学习中可以通过品味虚词在塑造人物时发挥的重要作用，消除学生积累文言词语的困难，让学生体会"虚词不虚"的语言特点，为学生进一步汲取语言文化的滋养奠定良好的基础。如《烛之武退秦师》中"而""也""其"等虚词在刻画烛之武临危受命的臣之忠勇、表现郑伯知错就改的"事臣以礼"、展现晋文公的审时度势中起到了举足轻重的作用。

倒装句是学生语言学习中的痛点，教学中教师可以帮助学生体会倒装的语序在明晰古人表情达意上强调的重点，也可以在现代文的学习中帮助学生捕捉倒装语序背后作者传递的丰富信息。如小说《荷花淀》中，水生嫂"看出"水生"笑得不像平常"时，作者孙犁使用了"怎么了，你？"的主谓倒装句来表现水生嫂对水生的关心，刻画了她敏感捕捉丈夫情绪变化，深爱丈夫的形象特点，为小说的主旨张本。

第二，从语言呈现的角度，体会规范性语言的魅力。

具体教学时，可根据文体差异落实相应的鉴赏要点，诗歌突出对字句的推敲，如《再别康桥》中诗歌首尾两段

"轻轻"和"悄悄"在语言情韵上的异同;小说侧重于对人物描写手法的品鉴,如《祝福》中对祥林嫂遭受迫害前后肖像和语言特点的巨大反差的揣摩;写景散文强调对景物描写手法的分析,如《荷塘月色》中对月下荷塘的经典描写段落,"曲曲折折"等叠词的使用效果和拟人、比喻、通感等修辞手法的鉴赏。除此之外,还可以打破篇章的限制、单元的设定、课内外的局限,在相同文体同类型题材之间进行纵向鉴赏,如学习郁达夫的散文《故都的秋》时可与老舍的散文《济南的秋天》进行对比,将毛泽东的《沁园春·长沙》上阕写景与马致远的《天净沙·秋思》进行对比,细品色彩在语言运用中的独特作用;在不同文体相同题材之间作出横向比较,如对苏轼的散文《赤壁赋》与其词作《念奴娇·赤壁怀古》在语言风格上的鉴赏,让学生在广阔精彩的语言世界中领略规范性语言的多样魅力。

除此以外,还可以适时适度地将典型的网络语言或网络热传的段子引入与规范语言的比较赏析范围。如"凡客体"的经典段子:"爱网络,爱自由,爱晚起,爱夜间大排档,爱赛车,也爱29块的T-shirt。我不是什么旗手,不是谁的代言,我是韩寒,我只代表我自己。我和你一样,我是凡客。"网络恶搞城管版:"爱逛街,爱扫货,爱赛跑,爱环境,爱杯具,爱擦皮鞋……所有人看到我们都会尖叫,我们是城管，我们要把世界制服。"与《荷塘月色》中"我爱热闹，也爱冷静；爱群居，也爱独处。像今晚上，一个人在这苍茫的月下，什么都可以想，什么都可以不想，便觉是个自由的人。白天里一定要做的事，一定要说的话，现在都可不理。这是独处的妙处，我且受用这无边的荷香月色好了"进行对比。让学生直观感受规范语言与网络语言在语言表现力、语言美感、感情色彩、使用场合等方面的差异，提高学生语言的审美能力，从而帮助学生树立正确的语言观。通过品鉴，学生们纷纷认为《荷塘月色》中"我爱热闹，也爱冷静；爱群居，也爱独处。……什么都可以想，什么都可以不想"的文字表达了作者内心的矛盾，与"这是独处的妙处，我且受用这无边的荷香月色好了"之间形成紧密的承接关系，表明作者此时自由闲适的心境。而"凡客体"则是利用多个短句的排列形式，表现韩寒喜好的事物，用一个"也"字最终达到广告的目的——29块的凡客 T-shirt。如此的语言处理谈不上什么美感，但尚可接受。最糟糕的是网络恶搞城管版的这段文字，一系列的短句铺排与省略号后面的文字在内容逻辑方面并无直接的关联，如此的表达是一种纯粹的堆砌，而且"爱杯具"语意不明，不知是指喜欢水杯，还是指喜欢给小商贩制造悲剧。细细看来，这段文字并没有幽默感，只是一种调侃和搞怪的形式。比较起来还是《荷塘月色》的语言更质朴，不矫情，不依赖夸张的文字形式。

（二）在规范语言应用的过程中，探索课程思政的落点

第一，通过仿写练习，在格律的揣摩和用词的推敲中让学生感受诗歌语言高度的凝练性、音乐性、抒情性等特点。

如选择性必修下册现代诗单元，学生重点学习了徐志摩的《再别康桥》，深入分析、品味了诗歌结构和语言特点。而在进行此部分教学时，正值北舞附中迎来65周年华诞，于是笔者以《致舞院》为题让学生开展仿写练习。学生既可以将自己想象成年逾花甲重回母校的毕业生，也可以化作现实中正在舞蹈道路上拼搏的在校生，模拟《再别康桥》创作一首现代诗。如芭蕾舞专业学生李佩恒创作的现代诗《致舞院》：

走回那个秋季，
　　穿过身边的风。
她静静地迈着步子，
　　遥望远方。

看着这个摇篮，
　　　胜过任何地点。
树叶为我远道而来，
　　　铺成地板。

那石碑上的箴言，
　　　让人驻足留恋。
伴随着时光的雕琢，
　　　格外精练。

那新生的剧场，
　　　是艺术的天堂。
夹杂着青草的芳香，
　　　水袖飞扬。

玻璃房的面孔，
　　　主楼的格子墙，
丝毫没有老旧模样，
　　　既往辉煌。

走至这个秋季，

　　道别身边的风。

她静静地迈着步子，

　　甲子沧桑。

　　此篇创作深得《再别康桥》的精髓，首尾部分相互呼应，中间抓住了校园特有意象，表达了作者对有"舞蹈家摇篮"美誉的学校深切的热爱，学生在语言运用的过程中获得了成就感。这样的仿写活动，不仅让学生感受了诗歌语言的独特魅力，丰富了个体的语言表现形式，更将我校"爱国、爱校、爱舞蹈"的育人理念落在了实处。

　　第二，对于具有广阔想象空间的文学作品，可采取扩写、续写的形式，让学生在语言建构的过程中，体会原作传递的文化意蕴，为学生传承优秀语言文化发挥重要的作用。

　　如郁达夫《故都的秋》，作者描绘了"来得清，来得静，来得悲凉"的独特秋景与秋味。为更好地体会这一意境，笔者在课上对学生进行了扩写训练，让学生假设自己是郁达夫，展开合理想象对"在南方每年到了秋天，总要想起陶然亭的芦花，钓鱼台的柳影，西山的虫唱，玉泉的夜月，潭柘寺的钟声"这句话进行扩写，重在考查学生对景物的描写及对原文悲凉意境的把握。学生的扩写，出现了错别字较多、用词不当等不规范的现象，且整体意境与原文相去甚远，不仅没有扣住"悲凉"的特点，反而表现出一种欢快的情绪。如有的学生写道："陶然亭河岸边一朵朵的芦花轻轻摆动，回首远方，看，钓鱼台在夕阳的映衬下更加熠熠生辉，低垂的柳枝恰似妖娆的女子随风起舞，侧耳听去，从郁郁葱葱西山传来欢快的虫鸣声，像是给妖娆的女子献出动听的歌唱。渐渐地夕阳慢慢下山，一轮圆月从山脚下跃起，玉泉山在朗朗明月的光芒下见证着岁月的斗转星移。听，从古老而静谧的潭柘寺传来了一阵阵振聋发聩的钟声，这钟声伴着故都的旋律刻在我的脑海里，奏响于我的心头上。"课上，学生通过再次品鉴郁达夫的语言，学习作者通过对事物的颜色、形态的遣词用字突出"悲凉"意境的手法后，一起修改了这篇习作："陶然亭狭长的河畔一簇簇如雪的芦花轻轻摆动。遥望远处，看，钓鱼台在夕阳的余晖下更显宁静，枯柳的枝条随风摇荡。侧耳聆听，静默的西山传来了断断续续秋虫的吟唱。……落日回到了群山的怀抱，一轮弯月从山脚下缓缓升起，给玉泉山罩上了一层朦胧的薄纱。听，从古老沧桑的潭柘寺传来了一阵阵悠长的钟声，这钟声久久地回荡在山间，萦绕于我的心头上。"

三、结语

课程思政围绕着"培养什么人、怎样培养人、为谁培养人"的教育重任。在众多学科中，语文学科在课程思政方面具有一种天然的优势，教师应首先借助经典教材，引领学生通过语文课堂在文字、文章、文学、文化的品读、鉴赏、思辨和传承中潜移默化地帮助学生树立热爱祖国语言、传承中华优秀传统文化的信念。

《普通高中语文课程标准》（2020年修订版）中指出："语言文字是文化的载体，又是文化的重要组成部分；学习语言文字的过程也是文化获得的过程。语言文字作品是人类重要的审美对象，语文学习也是学生审美能力和审美品质发展的重要途径。语言建构与运用是语文学科核心素养的基础，在语文课程中，学生的思维发展与提升、审美鉴赏与创造、文化传承与理解，都是以语言的建构与运用为基础，并在学生个体言语经验发展过程中得以实现的。"

就在笔者脱稿之际，Chat GPT火爆全球，这种说出需求即可成文的新技术势必会对学生的语言运用产生强烈的影响，但作为语文教育者我们应该看到，无论新技术如何便利、高效，它只是技术层面的语言输出工具，"言为心声"，只有具备了思想的语言，才能称之为人的语言，才是具备活力的语言。因此，在这项新技术的挑战下，语文课程思政更应该重视语文工具性特征的重要意义，通过在语文课上加强规范语言的学习，不仅可以有效抵御网络语言的不良影响，更可以使学生在学语言、用语言的过程中得到传统文化的滋养，以此形成积极正确的语言观、世界观。

浅谈中职语文课程思政的实现路径

乔俊梅

一、引言

语文有极强的包容性，这也成为语文课思政元素丰富的原因之一。在语文课堂，学生可以跟着屈原、杜甫、辛弃疾、陆游、毛泽东、闻一多等人，在文学史中沉淀深厚的爱国热情；也可以跟着鲁迅、老舍、曹禺、徐志摩等人感受文学之新面貌，领会一代有一代之担当。从东方的宝黛到西方的罗密欧与朱丽叶，爱情的激荡、青春的火焰、家庭的制度、社会的影响等，都变成"人而为人"的新思考，当娜拉出走的时候，学生更会穿越时空，理解人类社会普遍的困境和追求……

不仅如此，很多舞蹈作品、音乐剧作品、语言类作品都和语文课有着密切联系，比如古典舞《孔乙己》、国标舞《春江花月夜》、音乐剧《悲惨世界》、话剧《骆驼祥子》等。此外，艺术类中职院校的语文课思政元素，还承担着职业能力和精神塑造的任务。因此，在坚守学科特性的前提下，语文课在教学过程中，要与学校的人才培养方案深度融合，将以文化人落实在日常的教育教学中，这就要求语文课的课程思政要实现知行合一，通过一些实践性较强的课程手段，让学生把所学知识践行到学习和生活中。笔者认为，说和写是艺术类中职语文课实现课程思政内容知行合一的重要途径。

表达和书写有很强的实践性，相比于识字和鉴赏，说和写承担了更多的主观性创造，体现了学习主体的认知能力。因此，学生通过说和写输出思想的过程，也是一个检验思政育人成果的过程。

二、口语表达落实思政元素

语言运用是语文学科的核心素养之一，口语表达是培养学生语言运用能力的途径之一。因此，语文教学过程中要提高学生口语表达的能力，引导学生条理清晰地表达自己的所思所想。

第一，给予学生具体的表达指导。艺术类中职院校的学生思维活跃，课堂氛围良好。学生能较为积极地表达自己的想法，但是在表达过程中却往往词不达意，逻辑混乱。

因此，在教学过程中，教师要具体清晰地教授学生一些口语表达技巧。最常见的方法就是在表述过程中提炼上位概念，这一点在很多学生的表达过程中是欠缺的。比如教师在讲刘慈欣的作品《带上她的眼睛》时，向学生提问科幻作品和神话的区别是什么？有学生马上回答："神话里都是妖魔鬼怪，科幻是以科学原理为基础的。"显然，这个回答就是上位概念不清，对两个概念进行区分时，表达呈现出的对比结果不在一个层面上。"妖魔鬼怪"说的是作品角色，以科学原理为基础说的是作品依据或来源。这个时候，教师就要指导学生从角色和创作依据两个角度进行思考和回答。课堂上的表达指导，贵在日常，贵在坚持，在不断练习和纠错中，学生才能有效清晰的表达，不仅有利于学生很好地输出自己的观点，也便于听众更好地理解其所表达的内容。

第二，设计让学生有话可说的活动。语文课未必非得写议论文才能交流思想，一节生动的讨论课更是头脑风暴的良好契机。因此，设计一个让学生有话可说的口语活动，如"我口说我心——2分钟现场表达"、"这是我们的声音——小组讨论"、辩论赛等。2023年初，央视网一篇题为《绝望的"文盲"，能演好戏吗？》被广泛转发，这个社会现象无疑触动了不少身在题中之人，这也刺激了演员的培养者们。面对这样的话题，艺术类院校的学生自然有话要说，纷纷勇跃地表达对"扫盲"的期待、对职业角色特殊的理解、对艺术事业的敬畏，理解得也更深刻。在活动过程中要多给学生表达机会。在网络时代，学生获得信息的途径更加多元，如何帮助学生取精华去糟粕，在日常教育教学活动中，教师要多进行一些师生对话，了解他们的所思所想，才能给予更有针对性的指导。想要进行师生高效对话，教师就要找到课内课外充分融合的点位，让学生带着课堂上所学的知识走进现实生活。比如，针对初三年级的两篇经典文章《范进中举》《孔乙己》，教师对文本讲解后，让学生想象当孔乙己遇上中举后的范进会发生什么事，给学生足够的基于文本联想的空间，让他们有自主表达的机会。老师可以在聆听的过程中，充分了解学生对于世态人情的感受、求取功名的认知、面对成败的心理等，让学生主动将书本学活，找到经典作品之于当下社会生活的意义。

三、重视写作强化思政成果

《普通高中语文课程标准》（2020年修订版）指出："语文课程作为一门实践性课程，应着力在语文实践中培养学生的语言文字运用能力。"语言文字运用能力的培养要立足于实践活动，写作是一个有效的实现路径。同时，写作的过程也是一个思想输出的过程、情感表达的过程。在学生的文章里，也能具体感受到"读"出来的种种情感和观点。那些在课上启智润心的思政内容，也会融入学生的写作过程，使学生的思想和情感更加深刻、更加丰富。因此，语文课程要不断加强对学生的写作训练，提高学生深层次思考的能力。

第一，精选题目，为学生的思想赋能。一个好的作文题目，会让学生在创作过程中体验到更加丰富的情感，产生更加深刻的认知。教师在进行写作训练时，作文题目的挑选尤为重要。比如，"我的同学"和"晒晒我们班的牛人"两个题目，相较而言，后者显然要比前者更生动。"我的同学"是一个泛化的题目，写作过程中学生会从不同角度去写自己的同学，看似给了学生很大的发挥空间，但是，学生在选材时却很容易趋向平淡，没有亮点。而"晒牛人"，虽然依然是在写同学，但一个"牛"字，更有指向性，引导学生去观察"牛"这一特点，梳理身边人在这方面的典型事迹。这样的一个题目，不仅能帮助学生看到同学的优点，还能在写作的过程中不断激发其向榜样学习的意识。

好的作品，要有较高的立意。如"晒晒我们班的牛人"，不少学生会写某人在某个方面比其他人突出的地方。而立意较高的作文却会写"个体很强大只是一枝独秀，全班都很强大才是满园春色"。因此，教师不仅要选好题，更要在作文指导中立高意。

第二，指导写作，育时代的工匠。"吟安一个字，拈断数茎须"，锤炼语言，推敲文字，从来都是文学创作的法门。学生在写作尽兴处洋洋洒洒，下笔不能自休，看似一气呵成，实际上总少不了言辞啰唆，语意繁复的情况。如何"一字千金"，斟酌用词，是一个优秀的写作者必备的素养。想要丰富语汇，用词准确，就需要写作者大量阅读、不断练笔。字斟句酌、咬文嚼字的过程就像精细打磨一支舞蹈一样，每个动作、每个眼神都要反复推敲。

同样，文章的布局讲究比例，段落衔接的合理性、开头和结尾的呼应等，都构成了写作指导的内容。所谓"凤头猪肚豹尾"，恰恰体现的就是人们对于篇章布局的追求。以鲁迅先生的《祝福》一文为例，祥林嫂的眼睛描写被无数次解读和模仿却无法被超越。作为一个读者也好，鉴赏者也罢，对于作品的审美是有期待的，想要在阅读的过程中获得心灵和思想的涤荡与振动。祥林嫂的眼睛，在不同场合里调动着写作者的苦与乐，也涤荡着读者的悲和喜。所以，教师指导学生写作，不仅是打磨学生的语言使用能力，也是在引导学生磨炼自己的心性，锤炼自己的品质。这种对作品精益求精的追求，既是对文章形式美的追求，也体现着作者对文章内涵美的期待与表达。

综上所述，教师要从表达和书写的输出性及实践性去探索语文课程思政的落实，听学生的心声、读学生的思想，在多渠道的交流中树立艺术类院校学生崇德尚艺的意识，在实践中培养学生守真、行善、创造美的能力。

浅析高考语文试题中的思政意蕴
——以近两年北京市高考语文试题为例

耿英杰

一、引言

高考作为连接中等教育与高等教育的重要纽带和关键环节，在我国整个教育体系中占有举足轻重的地位，对中等教育阶段的立德树人工作具有重要的引领作用。因此，高考改革更要着力促进学生思想道德素养、科学文化素养、人文和审美素养、健康和劳动素养的全面提升，将立德树人根本任务落到实处。

立德树人是一项全员育人、全过程育人、全方位育人的系统工程，高中语文学科因其工具性和人文性兼有的特点，在思政教育方面具有独特的优势。分析高考语文试题中的思政育人元素，有助于教师探索本学科思政育人的有效路径，发挥语文学科的育人价值功能。笔者在文中以2021—2022年北京市高考语文试题为例，分析其中的思政意蕴和育人价值。

二、2021—2022年北京市高考语文试题的思政意蕴

教育部考试中心原主任姜钢在《落实立德树人根本任务 进一步深化高考内容改革》一文中强调，要"加强对学生的理想信念、爱国主义、品德修养、中华优秀传统文化、奋斗精神等方面的考查"。据此，笔者将近两年北京市高考语文试题中涉及的思政意蕴加以分类整理，从以下几方面加以分析。

（一）培育爱国主义，弘扬中国精神

习近平总书记在纪念五四运动100周年大会上的讲话中强调："爱国主义是我们民族精神的核心，是中华民族团结奋斗、自强不息的精神纽带。"在日常教学中，教师要对学生进一步加强爱国主义教育，提高学生的民族自尊心和自豪感。近年来，高考语文作文中也经常以爱国主义为主题进行命题。

2021年北京市高考语文微写作第2题设置情景：以庆祝中国共产党成立100周年为背景，让学生参与策划"缅怀革命先辈、点燃青春激情"主题活动，在活动中设计一个

环节并说明设计理由。此题不但锻炼学生的书面表达能力，还体现出对学生爱国主义精神的考查。如何缅怀革命先烈，激发同辈人的爱国热情，是学生在作答时需要考虑到的重要因素。无论是革命先烈事迹演讲比赛、红色电影观影活动还是参观革命烈士纪念馆，都是考查学生平时的积累与思考。

2022年北京市高考语文作文也是典型题目，要求学生以"在线"为题结合个人经历、见闻和感受写一篇记叙文。学生在完成写作时，需选取与"在线"有关的事件，反映在网络时代、疫情期间（体现）的人物品质、人间真情、社会风貌和国家精神。与学生最为贴近的就是由于疫情影响从线下转向居家学习，学生可发掘居家学习期间的有意义的事件。例如，师生互动的"在线"、家庭亲情的"在线"等，表达人间真情；抗疫期间邻里互助互爱的情感"在线"、志愿者无私服务社会的品质"在线"，整个社会团结一致抗击疫情的决心"在线"；我国对人民生命的尊重与负责，是"生命至上、举国同心、舍生忘死、尊重科学、命运与共"的伟大抗疫精神的"在线"。无论从哪个角度立意，学生在写作的过程中都可以透视出世间的真善美，社会的和谐互助，国家为人民提供的强大支持和安全保障，这些都有助于培养学生的爱国情怀。

（二）传承优秀文化，继承优良传统

习近平总书记强调，我们要敬仰中华优秀传统文化，坚定文化自信。中华优秀传统文化积淀着中华民族最深沉的精神追求，代表着中华民族独特的精神标识，是中华民族生生不息、发展壮大的丰厚滋养，学生只有更深刻地理解中华优秀传统文化的当代价值和时代意蕴，才能更好传承中国精神、中国价值、中国力量，树立文化自信。

2021年北京高考语文试题文言文阅读王充《论衡·非韩》节选中阐释了礼义的重要作用，启发学生思考礼义之于当代中国的意义。第11题也节选了《论语·阳货》中的文字："好仁不好学，其蔽也愚；好知不好学，其蔽也荡；好信不好学，其蔽也贼；好直不好学，其蔽也绞；好勇不好学，其蔽也乱；好刚不好学，其蔽也狂。"好学是中华民族崇尚的美德，此题引导学生思考如何看待学习与道德修养之间的关系，如何更好地继承中华优良传统。

2022年北京高考语文试题中的多文本阅读涉及古籍保护和利用人工智能技术让古籍"活"起来等话题，引导学生思考古籍的文物价值、文献价值和艺术价值，思考如何用现代科学技术传承中华优秀传统文化并使其在当代发挥其价值。

（三）引导理性思考，培养健康人格

想要实现青少年德智体美劳健康发展，离不开对理性思维和健康人格的培养，引导学生把对事物的认识从感性上升到理性，把对问题的认识从单一角度拓展到多个角度，需要语文教师不断思考和探索。在北京高考语文试题中也能窥见命题人对学生理性思维的考查。

2021年北京高考语文第22题，要求学生从《红楼梦》《呐喊》《边城》《红岩》《平凡的世界》《老人与海》中选择一个人物，谈谈此人物的令人感到遗憾之处，又带给人怎样的启发。此题一方面在考查学生名著阅读情况，另一方面又考查了学生挖掘蕴含在小说情节、人物命运背后的小说主旨和人物精神。此题引导学生把对作品的认识从感性上升为理性，从文学作品中感悟人生、获得启迪。

2021年北京高考语文作文记叙文题目要求学生以"这，才是成熟的模样"为题完成作文。在材料中特地提示"对我们而言，真正的成熟却不仅仅指身体的长成……"，省略号代表的含义是非常丰富的，也是学生切入此题要思考的内容。成熟不仅是生理上的成熟，也是心理上的成熟，是个人之外的群体的成熟，是群体之上的社会的成熟。学生在立意时可参考不同维度，如"人格健全，才是成熟的模样""品德高尚，才是成熟的模样""思想丰富，才是成熟的模样"。此题锻炼了学生的联系思维与发散思维，引导学生把握学生成长规律，让学生思考成熟、成人的意义，培养社会责任感。

2022年北京高考语文作文议论文题目为"学习今说"，作文材料可分为两部分：第一部分强调"学不可以已"，肯定了重视学习这一从古传承至今的中华优良传统，写作时应该将其作为基础，列举具体事例突出这一话题。第二部分从"当代中国"的角度出发，引出古今学习的异同。后面所给的"目的、价值、内容、方法、途径、评价标准等方面"，为学生提供了具体的写作方向，分析时可以围绕这些方向构思，也可以在这些方向的基础之上拓展思维，突出学习从古至今的稳定性特征和变化性特征。学生可将现实生活中学习的功利性、浮躁性作为反面事例，将当代社会学习的多元化、网络化、形象化、直观性等作为正面事例，进行具有思想深度的挖掘。整个命题设计，表现出鲜明的层次性和逻辑性，考查了学生拓展思维、辩证思考的能力，具有明显的思政意蕴。

（四）倡导关注社会，呼吁责任担当

习近平总书记在党的二十大报告中要求"着力培养担

当民族复兴大任的时代新人"。想要培养能担大任的时代新人，需要引导青少年了解社会、关注社会，拓宽视野、增长知识，提高他们观察问题、分析问题和解决问题的能力，使他们更好地适应社会、融入社会和全面发展。在近几年的北京高考语文试题中，我们可以看到引导学生关注社会、承担社会责任的思政元素投射。

2021年和2022年北京高考语文试题中分别以描述"网络的发展带来的新挑战，网络空间亟待净化"和"北京空气治理举措及成效"的文段为底本，考查学生辨析词语、修改病句和句式变换等语言运用能力，潜移默化地引导学生关注网络文化，坚持正确的价值导向，关注当今的生态保护和环境治理问题，承担公民社会责任。

2022年北京高考语文第22题以新冠疫情中的核酸检测为背景，要求学生选择一个检测点，依据其环境特点，设计两米间隔线标志，并写出设计理由。此题考查了学生平时对社会的观察和关注程度，也引导学生思考如何兼顾两米间隔线的人文关怀和实用性，是对学生社会责任的一种引导。

2021年北京高考语文作文以"论生逢其时"为题，以时代为背景，以不同人的不同人生道路为切入角度，列举了各种看待人生的态度，引导学生思考小我与大我，个人成长成才和国家、民族、时代发展的关系，引导学生把握时代脉搏，关注广阔的社会生活，从而增强个人对社会、时代发展的责任感和使命感。学生在构思时可从不同角度立意，如"生逢其时，当不懈奋斗""践行报国之志，成就个人梦想""担负历史责任，小我融入大我"等。此题明确地体现出立德树人的根本教育任务和语文学科的育人功能，有利于学生形成正确的世界观、人生观、价值观。

三、结语

通过对2021—2022年高考语文试题中的思政育人元素的分析，我们发现高考在改革的过程中不断落实立德树人的根本任务，发挥着育人功能和积极导向作用。语文教师要认真钻研高考试题中蕴含的思政育人元素，在日常教学过程中，注重发掘教学内容中的育人元素，履行好立德树人的责任，不断提高学生的思想水平、政治觉悟、道德品质、文化素养，为党和国家培养德智体美劳全面发展的社会主义建设者和接班人。

深入挖掘爱国主义教育的思政元素

——以部编版初中语文教材为例

贾晓泽

一、引言

2016年，习近平总书记在全国高校思想政治工作会议上提出各类课程与思想政治理论课同向同行，之后课程思政成为当下教学的一个突出概念。2019年，习近平总书记在学校思想政治理论课教师座谈会上发表重要讲话，提出"要坚持显性教育和隐性教育相统一，挖掘其他课程和教学方式中蕴含的思想政治教育资源，实现全员全程全方位育人"，对课程思政的概念进行了进一步的解释。2019年8月，中共中央办公厅、国务院办公厅印发的《关于深化新时代学校思想政治理论课改革创新的若干意见》指出："要整体推进高校课程思政和中小学学科德育。深度挖掘高校各学科门类专业课程和中小学语文、历史、地理、体育、艺术等所有课程蕴含的思想政治教育资源，解决好各类课程与思想政治课相互配合的问题，发挥所有课程育人功能，构建全面覆盖、类型丰富、层次递进、相互支撑的课程体系，使各类课程与思想政治课同向同行，形成协同效应。"从这里所提到的要深度挖掘中小学各门课程的思政资源的说法可以见得课程思政已经从大学教育延伸到了中小学教育，同样这个要求也适用于职业中专教育。因此，我们要在中专学生的拔节孕穗期，尤其是初中阶段，通过课程思政与课堂教学的融合帮助他们树立良好的世界观和价值观，更好地规范学生的行为、培养其道德情操和文化内涵，提升学生的文化自信。

二、重视爱国主义教育，在初中语文教学中融入思政元素

北舞附中使用的是部编版初中语文教材，从教材本身的角度看就蕴含着浓厚的思政元素：弘扬中华优秀传统文化和革命文化，根植红色基因；与时俱进，体现社会主义先进文化；贯彻、落实社会主义核心价值观，涵盖革命文化、社会主义先进文化，继承和弘扬优秀传统文化，在优秀古诗文中弘扬中华民族核心思想理念和中华优秀传统美德以及中华人文精神。除此之外，也包含着国家安全（如政治安全、经济安全、国防安全、海洋安全、信息安全等）、

生态文明、民族团结、法治等方面教育。其思政教育覆盖面是非常广泛的。

在教材中最突出的思政元素还是爱国主义。以爱国主义为核心的民族精神是社会主义核心价值体系的重要组成部分。在五千年的历史演进中，中华民族形成了以爱国主义为核心的团结统一、爱好和平、勤劳勇敢、自强不息的伟大民族精神。它是团结人民，保证中华民族排除万难，保持国家统一、繁荣发展的强大精神力量。因此，教师在教学中渗透家国情怀十分重要，大力培育和弘扬爱国主义教育这个核心，是当下初中教学的应有之义。爱国主义的传统是：热爱祖国、矢志不渝；天下兴亡，匹夫有责；维护统一，反对分裂；同仇敌忾，抗御外侮。爱国主义的内涵是：爱祖国的大好河山、爱自己的骨肉同胞、爱祖国的灿烂文化、爱自己的国家。下面笔者将从这两个方面对部编版初中语文教材的爱国主义思政元素进行挖掘，以期待爱国主义思想在初中语文教育中落地生根。

（一）爱国主义的传统在部编版初中语文教材篇目中的体现

1.热爱祖国、矢志不渝；天下兴亡，匹夫有责

在部编版初中语文教材中，许多篇目家国情怀比较突

出，如杨振宁先生所写的《邓稼先》，这篇文章叙述了邓稼先为祖国的国防事业作出突出贡献，对他为了国家无私奉献、坚定不移的崇高情怀给予了高度的评价。邓稼先身上的家国情怀尤其体现在"我不能走"这一分章节中，面对恶劣的科研环境和危险的工作事故，他坚定地说"我不能走"，这正是矢志不渝的爱国主义思想的体现。再比如郭沫若的《天上的街市》，这篇现代诗创作于五四时期，在五四运动的大背景渗透中也时刻体现着爱国主义。面对半殖民地半封建社会的黑暗现实，郭沫若对五四运动之后祖国新面貌的美好憧憬，以及希望通过个人努力以达到社会进取的愿望，陡然归于破灭，使他陷入了苦闷感伤。郭沫若作此诗是想借改造后的牛郎织女的形象来寄托自己的理想，表达对祖国美好未来的盼望，突出体现了作者想以"匹夫"之力改变中国现状的伟大追求，这正是"天下兴亡，匹夫有责"的具体体现。

2.维护统一，反对分裂；同仇敌忾，抗御外侮

教材中选取了很多革命文化的篇章，都体现了在漫长的岁月中团结一心的中国人民是如何同仇敌忾，抵御外侮，努力维护领土完整，反对国家分裂的。比如，抗日战争时期，端木蕻良的《土地的誓言》，以沉痛的笔触写出了作者对于沦陷的东北三省的思念之情，这份感情牵动着

每一位国人的心。土地革命战争时期，陆定一的《老山界》讲述了红军在长征时如何坚定革命信心，打破国民党的围剿，以革命热情征服险峻的老山界。解放战争时期，毛泽东的消息两则——《我三十万大军胜利南渡长江》《人民解放军百万大军横渡长江》，以通讯的方式将人民解放军势如破竹的渡江战役描写得惊心动魄、震撼人心，也体现出人民军队必将胜利，祖国必将统一的信心。这些选篇无一不体现了中国人民一直以来爱好和平、团结一心的民族精神，以及有侵略必有反抗，有分裂必有统一的坚定信心。

（二）爱国主义的内涵在部编版初中语文教材篇目中的体现

1. 爱祖国的大好河山

通过描绘祖国之壮丽河山来表达爱国情是教材中十分常见的文章形式。比如《沁园春·雪》描写了毛泽东对于"北国风光，千里冰封，万里雪飘"的出神入化的描绘和想象，"江山如此多娇"，才会激起无数文人志士想要保卫祖国的强烈愿望，这引人折腰的大好河山正是爱国主义生生不息的源泉。又如张岱的《湖心亭看雪》记录了作者在湖心亭中观雪的时候偶遇故国旧人的故事。以白描的手法勾勒出一幅动人的水墨画，看似不着痕迹，但从"问其姓氏，是金陵人，客此"一句中便可以看到作者对故国往事无尽的怀念，浅淡的笔触正如素雅的山水，令人心驰神往。再如《岳阳楼记》一文借描写洞庭湖的"大观"之状，将晴天和阴雨天的岳阳楼描绘得雄伟壮观，这正是范仲淹"不以物喜，不以己悲""先天下之忧而忧，后天下之乐而乐"的济世情怀和乐观精神以及以天下安泰为己任的爱国志士形象的体现。综上，大好河山的壮美更能激起学生的爱国热情，树立奋发向上为国贡献的理想信念。

2.爱自己的骨肉同胞

首先，爱自己的骨肉同胞体现为"雷锋精神"，雷锋以其服务人民、助人为乐的奉献精神最为突出，而部编版七年级下册教材中所选取的彭荆风的《驿路梨花》这篇文章正是通过一个小茅屋是谁建造的悬念，引出雷锋精神在少数民族地区不断被弘扬的动人场面。"梨花"的形象是洁白高尚的，象征着汉族与少数民族之间的美好友谊，也象征着解放军战士为人民服务的品质，更象征着各族人民团结一心、助人为乐的高尚情操。其次，爱自己的骨肉同胞也体现为载人航天精神。如《太空一日》一文记叙了杨利伟最终克服身体和心理上的不适，出色地完成太空飞行任务的故事，反映了特别能吃苦、特别能战斗、特别能攻关、特别能奉献的精神和勇气，正是这种精神和勇气，印证了中华民族的伟大智慧与坚毅果敢。杨利伟所体现的中国载人航天精神，将是中华民族伟大复兴征程中不可或缺的精神财富。以上这些篇目都以骨肉同胞的积极进取和伟大成就激励着学生对祖国的热爱和自豪。

3.爱祖国的灿烂文化

中华民族的灿烂文化在部编版初中语文教材中更多地体现在文言文和古诗文上，充分展示了我国丰富多样的不同体裁的古代文学作品，使得我国的古典文学和中华优秀传统文化得以传承和发展，而这些传统文化也传递着中华美德。比如：文言文《陈太丘与友期行》告诫人们交往时应该注重诚信，要信守承诺，为人应方正；《木兰诗》更是刻画了一个巾帼不让须眉的女英雄形象，木兰虽身为女儿身，却替父从军，尽自己最大的努力捍卫国家领土的完整，这是对父亲的孝、对国家的忠也是一份家国天下的大爱；杜甫的《茅屋为秋风所破歌》一文通过描写作者的数间茅屋被秋风所破以致全家遭雨淋的痛苦经历，来表现"天下寒士"的痛苦，以及社会的苦难、时代的苦难。但是令人感动的是作者为了让"天下寒士"能够有庇护所，发出了"吾庐独破受冻死亦足"的感慨，这正是杜甫关注社会现实，关怀人民群众，为社会发展和家国天下尽自己一份力的集中体现。教材中还有许多篇目能够引导学生树立正确的价值观，坚定自己的目标不动摇，培养高洁的情操等，如《富贵不能淫》《陋室铭》《爱莲说》《诫子书》等。中华民族的传统文化犹如天上的繁星，数不胜数，其璀璨光芒一直延续到当下，激励青少年要树立家国情怀，乐观自信生活，谦逊有礼，并坚守自己的原则，做一个有操守的"小大人"。

4.爱自己的国家

在教材中，不少篇目都对我们伟大的祖国表达着最直接最深厚的感情。比如：舒婷的《祖国啊，我亲爱的祖国》描写了中国过去的贫穷和人民千百年来的梦想和苦难，亦展现了中国让人振奋的崛起和新生。那一声声"祖国啊，我最亲爱的祖国"的呼唤将作者对国家的热爱之情表现得淋漓尽致；艾青的《我爱这土地》，以一只为祖国嘶哑歌唱的鸟儿体现出作者对祖国无畏的爱，那一句"为什么我的眼中常含泪水，因为我对这土地爱得深沉"让无数人感受到了作者对国家深沉的爱；余光中的《乡愁》，以时间为线索抒发自己不断升级的乡愁，"乡愁是一湾海峡，我在这头，大陆在那头"体现出作者迫切想要两岸统一，早日回归祖国母亲怀抱的愿望。

三、结语

　　由此可见，部编版初中语文教材中蕴含着丰富的爱国主义思政元素，我们从爱国主义的传统和内涵两个方面入手帮助学生细分爱国主义的层次和细节，让学生在初中语文课堂上通过润物无声的课程思政渗透方式，将爱国主义的核心理念掰开揉碎融入学生的人生观、世界观和价值观中，在语文课堂上通过这些富含爱国主义思政元素的教学篇目引导学生厚植爱国情怀，继承爱国传统，做一个爱党、爱社会主义的合格接班人。

关于课程思政的若干思考

刘金洁

一、引言

　　什么是课程思政，它与思想政治课的关系如何，与德育是否相同，涉及课程思政的概念问题，偏重于理论分析；课程思政的提出背景和目标，涉及对这一概念进行历史的分析；如何进行课程思政涉及的则是其具体实践问题。其中，课程思政的概念本身属于上位问题，它关系到具体实践中的方向和界限。笔者对上述问题进行了一些思考，在此进行分享。

二、课程思政与思想政治课

　　何谓课程思政？关于课程思政的定义，笔者查阅了十多年来党和国家领导人的讲话、文件以及学者的论文、著作等，没有找到明确统一的规定。对于课程思政这一概念

的起源，相关文章、专著则非常明确。如有的文章指出，
"'课程思政'是2014年之后出现的概念，源于上海市相关高
校的探索，……激起了很多高校的兴趣，并引发了教育部的
关注，教育部颁布的相关通知、文件以及教育部领导的讲话
中多次出现'课程思政'这一概念"。[①]有关课程思政的大量
论文发表于2014年之后，其作者多为高校教育工作者，中小
学教育工作者的有关论述在此后几年才开始出现。[②]可以确定
的是，课程思政是近些年从高校开始兴起，并逐渐扩展到普
通中小学、中职学校等各类学校的教育理念和实践活动。

所谓思想政治课，顾名思义，指思想政治教育，具有
鲜明的政治性和阶级性。

课程思政与思想政治课有何关系？习近平总书记强调：
"要利用好课堂教学这个主渠道，思想政治理论课要坚持在
改进中加强，提升思想政治教育亲和力和针对性，满足学
生成长发展需求和期待，其他各门课都要守好一段渠、种
好责任田，使各类课程与思想政治理论课同向同行，形成

---

① 赵继伟：《课程思政：涵义、理念、问题与对策》，《湖北经
济学院学报》2019年第2期。也有学者认为课程思政概念的提出时间是
2016年，参见陈华栋《课程思政——从理念到实践》，上海交通大学出
版社2020年版，第26页。

② 笔者检索中国国家数字图书馆中文期刊服务平台发现：有关高
校课程思政的文章从2016年到2022年高达数万篇；有关中小学课程思
政的文章最早出现于2019年，到2022年为止篇目仅为334篇。

协同效应。"①由此可见，课程思政与思想政治课在教育目标上有一定的相似性，即进行思想政治教育；但思想政治课承担着显性的思政教育功能，是对学生进行思政教育的主渠道，在思政教育中具有主干地位，课程思政则是以本门课程为主，有机融入思政元素，达到思政教育效果，因此二者也有一定的差异性。

三、课程思政与德育

在实践中，很多时候老师会不假思索地把课程思政等同于德育，那么二者是不是完全一致呢？

从字面来说，德育即道德教育，但审视中国从小学到大学各阶段的德育课程会发现，有关的德育课程包括品德、法治、时政、心理健康等多方面的内容，由此可知"德育"一词在教学实践中所涉及的内容非常丰富，远远不止道德教育一方面所能涵盖。而"思政"一词则如前所述侧重于思想政治教育，具有鲜明的政治性和阶级性，因此课程思政的目标也就不能简单地与德育等同。

---

① 《习近平在全国高校思想政治工作会议上强调：把思想政治工作贯穿教育教学全过程 开创我国高等教育事业发展新局面》，《人民日报》2016年12月9日。

四、课程思政的提出背景、目标与内容

明确了课程思政的基本概念，那么就需要进一步思考：为什么会提出课程思政，其提出背景是什么？课程思政有没有具体的目标和内容？

培养什么人，是教育的首要问题。党的十八大以来，习近平总书记非常关心教育问题，并多次就此发表重要论述。他强调，"培养社会主义建设者和接班人，是我们党的教育方针，是我国各级各类学校的共同使命"①，要坚持把立德树人作为根本任务，"要把立德树人融入思想道德教育、文化知识教育、社会实践教育各环节，贯穿基础教育、职业教育、高等教育各领域"。②因此，课程思政的目的是为了更好地落实立德树人的根本任务。

从上海开始逐渐推广至全国的课程思政实践，经过几年探索后，积累了不少经验。在此基础上，教育部于2020年制定并颁发了《高等学校课程思政建设指导纲要》，明确了课程思政建设的目标要求和内容重点，指出"课程思

---

① 习近平：《在北京大学师生座谈会上的讲话》，人民出版社2018年版，第5页。

② 《坚持中国特色社会主义教育发展道路 培养德智体美劳全面发展的社会主义建设者和接班人》，《人民日报》2018年9月11日。

政建设内容要紧紧围绕坚定学生理想信念，以爱党、爱国、爱社会主义、爱人民、爱集体为主线，围绕政治认同、家国情怀、文化素养、宪法法治意识、道德修养等重点优化课程思政内容供给，系统进行中国特色社会主义和中国梦教育、社会主义核心价值观教育、法治教育、劳动教育、心理健康教育、中华优秀传统文化教育"。尽管这里也提到了心理健康等内容，但置于首位且占据主要篇幅的仍然是思想政治方面的内容。

同时，对思政的重视也体现在中学教育中。《普通高中历史课程标准》（2017年版2020年修订）指出，此次课标修订的基本原则之一是，"坚持正确的政治方向。坚持党的领导，坚持社会主义办学方向，充分体现马克思主义的指导地位和基本立场，充分反映习近平新时代中国特色社会主义思想，有机融入坚持和发展中国特色社会主义、培育和践行社会主义核心价值观的基本内容和要求，继承和弘扬中华优秀传统文化、革命文化，发展社会主义先进文化，加强法治意识、国家安全、民族团结、生态文明和海洋权益等方面的教育，培养良好政治素质、道德品质和健全人格，使学生坚定中国特色社会主义道路自信、理论自信、制度自信和文化自信，引导学生形成正确的世界观、人生观、价值观"。基本理念之一是"以立德树人为历史课程的根本任务"，要"坚持育人为本，德育为先，使历史教育成为形成和发展社会主义核心价值观的重要途径。发挥历史课程立德树人的教育功能，使学生能够从历史的角度关心国家的命运，关注世界的发展，成为德智体美全面发展的社会主义建设者和接班人"。要"坚持正确的思想导向和价值判断"，要"不断增强学生对伟大祖国的认同，对中华民族的认同，对中华文化的认同，对中国共产党的认同，对中国特色社会主义道路的认同；增强学生的世界意识，拓宽国际视野"。逐字逐词审视和研读这些内容，同样不难看出，思政教育特别是有关社会主义意识形态和家国情怀的内容在高中历史教育中受到了最大限度的重视。

五、结语

当前，课程思政在全国各级各类学校教学中正如火如荼地推进。要做好课程思政，教师就需要把握相关概念内涵，明确思政目标，在此基础上设计和展开自己的教学内容。希望本文对有关问题进行的这些形而上的思考，能够对具体工作发挥积极作用，帮助教师在教学中清晰把握教学目标，把课程思政工作做到实处。

浅谈中职艺术学校历史课程思政教学的方法

刘金洁

一、引言

培养什么人，是教育的首要问题。2014年，上海高校率先进行课程思政的探索。此后，课程思政越来越成为一种普遍的理念，推广到了各级各类学校教育中。教育部于2017年出台的新版《普通高中课程方案及课程标准》，强化了对思想政治教育的要求。在改革开放和经济全球化日益推进、意识形态领域日益复杂的当下，课程思政这一理念对于如何更好地育人具有不言而喻的重要性。如何在具体教学中开展课程思政，把课程思政从抽象的理念转化为具体的实践，则是课程思政能否达到实际效果的关键。

笔者任教的历史学科具有两大显著特点。一是涉及面广。在时间上，涉及人类社会上百万年的活动；在空间上，涵盖世界各个国家的发展；在内容上，举凡政治、经济、文化、民族、外交、军事、地理、文学、绘画、音乐、戏剧、物理、化学、生物等无所不包。二是科学性强。历史不仅是对人类过去活动的记录，还包括对历史经验的总结、历史规律的探讨、历史发展趋势的预见。正如马克思、恩格斯在《德意志意识形态》中所说的："我们仅仅知道一门唯一的科学，即历史科学。"

作为中等职业艺术学校一名普通的历史教师，笔者在自己的教学中对课程思政的方法不断进行思考和实践。受限于课程时间有限、课程本身的知识量和难度较大等各种因素，这种实践并不容易，但也从未中断，始终在探索。

二、中职艺术学校历史课程思政的方法

（一）结合重要事件、节日等，开展课程思政教学活动

挖掘重要事件、节日等的思政元素，设计教学活动，达到思政教育目标。如新中国成立70周年、抗美援朝70周年、建党100周年等，都是极其重要的日子。结合这些重要的纪念日，笔者以新中国建设重大成就、抗美援朝重要人物和事件、党史故事等为主题，指导学生制作手抄报、音频、视频等多种形式的作品，帮助学生正确认识党史、新

中国史、改革开放史、社会主义发展史，树立正确的历史观。

（二）结合学生专业特点和兴趣爱好，开展课程思政教学

苏联著名教育家苏霍姆林斯基曾说："决定学校整个生活气氛和方式的主要活动，是学生的自觉的脑力劳动。它的成果便是学生的深刻而牢固的知识。"[1]同理，决定课堂学习气氛和方式的主要活动，是学生自觉的脑力劳动。开展课程思政教学，要针对学生专业特点和兴趣爱好采用合理方式，才能收到应有的效果。

例如，针对舞蹈专业，在学习隋唐文化时以舞蹈《飞天》进行引入，学习文化遗产的保护与传承时结合现代京剧《智取威虎山》的创作，引导学生认识中华优秀传统文化是今天艺术创作取之不竭、用之不尽的宝库，是"中华民族的'根'和'魂'，……也是全人类弥足珍贵的精神瑰宝"，[2]通过这些具体案例助力学生深刻认识和弘扬中华优秀传统文化，树立文化自信。针对音综、歌舞专业，以

---

[1] 苏霍姆林斯基：《和青年校长的谈话》，赵玮等译，教育科学出版社 2009 年版，第 22 页。

[2] 教育部课题组：《深入学习习近平关于教育的重要论述》，人民教育出版社 2019 年版，第 235—236 页。

"歌声中的近代史"为主题，选择与近代史有关的歌曲，如《北方吹来十月的风》《国民革命军军歌》《松花江上》《大刀向鬼子们的头上砍去》《义勇军进行曲》《四渡赤水出奇兵》《南泥湾》等展开历史学习，让学生感悟革命年代先辈们奋不顾身、救国救民的赤子之心，懂得感恩和尊重历史。

此外，优秀影视剧也是很直观形象的学习素材。如电视剧《觉醒年代》可以帮助学生返回20世纪早期的历史现场，身临其境地理解新文化运动；电影《横空出世》很好地再现了新中国原子弹研制的过程，帮助学生体会前辈筚路蓝缕开拓道路的艰辛，从而珍惜今天的幸福生活，努力创造更加美好的明天。

（三）贯通历史与现实，进行课程思政教学

西汉史学家司马迁曾说，他写作《史记》是要"究天人之际，通古今之变，成一家之言"。意大利现代历史学家克罗齐也曾说过"一切真历史都是当代史"。两位被时间和空间远远分隔的历史学家用词虽不同，但却都着眼于历史的功能，以及历史对当前和未来的意义。

教师在教学中把历史和现实联系起来，既可以增强学生在历史学习上的积极性和主动性，也能够对学生进行生

动深刻的思想教育。例如，在学习苏联解体的历史知识时，可以对学生介绍道："如果说历史是一条长河，那么让我们沿着这条河流往上追溯，到25年前（1991年），苏联这座庞大的大厦轰然倒塌，分崩离析成了十几个独立的国家。苏联解体后十年，伏尔加格勒州男性平均寿命下降十岁、女性平均寿命下降六岁。"[①]学生听课至此，总是不由自主产生疑问：俄罗斯的人均寿命为什么会下降呢？寿命下降和苏联解体有什么关系呢？此时教师顺势和学生讨论以下一系列问题：苏联解体对个人有什么影响？苏联解体和中国有什么关系？我们应该怎么看待苏联解体这件事，从中能吸取什么教训？通过对苏联这段历史的学习，学生对国家和个人的关系不再仅仅是抽象的字面的认知，而是有了具体生动的认识，无形中增强了家国情怀，认识到个人对社会和国家的责任，认识到社会主义制度的优越性。又如，在学习新中国建设成就时，可以引导学生列举今天中国的成就，并与新中国成立初期的状况进行纵向对比，与1804年独立的海地和1947年独立的印度两国当今的状况进行横向对比，认识到中国社会主义制度的先进性和优越性，增强对党、对国家和对社会主义的坚定信念。再如，在学习现

---

① 李慎明：《自信人生幸福来——在中国社会科学院2011级新生开学典礼上的讲话》，《光明日报》2011年9月15日。

代社会的交通时，也可以以西藏当前的交通建设成就为例，启发学生开展以下思考：地广人稀的西藏为什么要花费巨大的人力物力财力修建那么好的道路？经过讨论后得出认识：这既是西藏军事战略意义的体现，也是党和国家关心和促进西藏经济社会发展的民生举措，更是当年孙中山先生想要实现而没能实现的理想，这一理想在中国共产党领导下的社会主义国家才得以实现。

（四）根据学生思维特点，采用形象化方式进行历史课程思政教学

人的思维有抽象思维和形象思维。抽象思维是对事物的本质属性进行分析、综合、比较，进而抽取事物的本质属性，形成概念。形象思维是以直观形象和表象为支柱的思维过程。

一般来说，艺术生更习惯于形象思维。因此，在教学中要多采用形象化的方式。例如：学习秦始皇时，请学生观察秦始皇画像并进行模仿，体会"秦王扫六合，虎视何雄哉"的气势，认识其对中国历史的贡献；学习孔子时，可以请学生模拟孔子画像中的样子，体会画像中孔子的温良气质，理解孔子"仁"和"礼"的思想，但孔子并非如此简单，真实的孔子教学生礼、乐、射、御、书、数，是

能文能武懂艺术的多面手,是值得后人景仰的人物。

形象化的方式不仅仅是模仿历史人物,也可以是情境化的,即用细节还原历史场景,把学生带回到历史发生的"现场"。例如,学习商鞅变法、杯酒释兵权、五四运动、西安事变等历史事件时,都可以用此办法进行绘声绘色的讲述,学生往往不知不觉地跟随老师的讲述沉浸到历史场景中,在学习相关历史知识的同时自然而然地受到思政教育。

三、结语

当今的中国,改革开放不断推进,社会主义市场经济不断发展,国际形势日趋复杂,国家对学生的思想政治教育必然会不断加强,课程思政教学也会得到越来越多的强调。无论是大学教师还是中小学教师,都需要认清这一时代需求,努力探索课程思政的方法,求得更好的教学效果,培养符合党和国家需要的人才。就历史课程来说,一般的思政素材并不缺乏,但学生熟悉且极为感兴趣的、符合学生认知水平和认知规律的素材并不是唾手可得的,需要教师在生活和工作中做个有心人,随时积累,在具体授课时根据学生特点和教学内容确定合适的方法,经过反复磨炼才可有所成效。

英语课堂上潜移默化的思政教学

——重点文本精讲和中外文化比较

李 剑

一、引言

　　课程思政教学理念，是在教书育人的终极目标和社会发展背景下设定的新概念，目的是将"思想政治教育元素，包括思想政治教育的理论知识、价值理念以及精神追求等融入各门课程中去，潜移默化地对学生的思想意识、行为举止产生影响"。英语学科的核心素养主要包括语言能力、文化意识、思维品质和学习能力。其中，语言能力是基础要素，文化意识是价值取向，在教学实践中这两项重要的素质与思政教学都有非常好的交汇点，是教师结合英语教学提升思政教学的努力方向。

　　回顾近三十年的中学英语教材，特别是高中英语教材，可以看到经过几次改版，教材内容的广度和深度都不断提升，给教师留下很大的教学空间。以北舞附中所用的北师大版教材为例，编者希望通过精心设计的听说读写看等学习活动，帮助学生学会应用英语获取中外文化知识、探究中外文化内涵、比较中外文化异同、构建跨文化意识，引导学生学会得体运用英语进行沟通和交流，用英语讲好中国故事，促进学生学会多元思维，提升分析和解决问题的能力，养成良好的品格修养，树立正确的人生观、价值观。这样的目标正是思政教学在英语教学中的体现，因此如何结合教材把这样的理念贯彻到实际的教学中，考验的是一名教师的教学意识和教学素养。笔者近十年来讲授新版教材的体会是：教材的英文表达越来越地道，内容设置越来越丰富，强化了中西对比和多元思维。英语教师需要不断学习、与时俱进地提升自己，才能更好地传授外语知识，培育学生美好情怀，把教书和育人真正地体现在英语课堂之中。

二、重点文本精讲：语言学习中贯彻思政教学

高中英语教材的内容非常丰富，但是面面俱到地授课对艺术类学校的学生是不适宜的，因为学生还有大量的专业课学习，所以对教材内容的选择就成为英语教师一项很重要的任务，要把语言重点和思政要点由浅入深地有机结合，才能

让学生从英语学习中真正有所收获。

（一）准确理解文本中的重点句子是思政教学的基础

以下以北师大版高中英语必修一课本第一单元第三课为例进行说明。

必修一以"人生选择"（life choices）作为第一单元话题是很有意义的，帮助学生在深入学习英语的基础上探讨人生观和价值观，这是思政教学的一个非常好的切入点。第三课讲述的是支教大学生的文章："Your life is what you make it。"这是非常地道的一句英语，可以翻译为"你的生活你做主"，意思是要活出真正属于自己的人生意义。文章大意是大学生张天大学毕业后，他的父母希望他能到大城市去求职，而他因为受到几位优秀教师的感召，决定去乡村学校支教，并且排除各种困难完成了一年的支教生活。在乡村小学的教学让他收获了快乐、自信和成就感，除教学之外，他还通过慈善机构对乡村小学进行建设，受到村民的欢迎和接纳，因此张天决定把原本一年的支教期再延续一年。本篇的重点讲解句子举例如下：

It has been a <u>tough</u> year, but he has enjoyed working with the children. <u>What made him feel satisfied</u> was that his students were able to read, speak and write in English, And they became <u>more</u>

confident in learning。

这一年过得很辛苦，但是他很喜欢和孩子们一起学习。让他感到满足的是，他的学生们能够读英语，说英语和写英语，并且在学习上更加自信了。

这句画线的知识点包括学习生词tough，enjoy和动词的搭配，主语从句和表语从句，以及形容词比较级的复习。强化学习语言知识点的同时，学生可以感受到主人公大学毕业后选择到乡村小学支教体验到的不易和充实。

He feels so happy that he followed his heart when choosing what to do with his life, even though it may not be what others expected of him.

他感到很幸福，因为在选择如何对待自己的人生时，他跟随了自己的内心，尽管这可能不是别人所期待的。

这个复合句包含两个状语从句，结果状语从句和让步状语从句，通过两层从句表达主人公因为选择自己内心理想的生活而感到快乐，虽然这样的生活可能不符合家人的期待而且相当艰苦，但是却助力了乡村学生的成长，表现了主人公内心的平静和志向的高远，而这样的理念恰好和本单元quote ... unquote（名言警句）选取的诸葛亮《诫子书》的名言相呼应：

Quietude promotes learning, frugality cultivates virtue. One can't show high ideals without simple living; one can't have lofty aspirations without a peaceful state of mind.

静以修身，俭以养德。非淡薄无以明志，非宁静无以致远。

（二）深度解析重点文本的主题内容是思政教学的关键

以下以北师大版高中英语必修二第六单元为例进行说明。

必修二第六单元的主题是"可钦佩的人"（The admirable），内容包括介绍科学家屠呦呦，历史人物马丁·路德·金、甘地，以及超人的扮演者克里斯托弗·里夫等人的文章。经过备课，本单元的精读文本确定为讲述屠呦呦因为研发出抗疟疾药物青蒿素而获得诺贝尔奖的"A Medical Pioneer"（《医学先锋》）。从内容、词汇和语法各个方面来说，这篇文本难度相当大，通过篇目的精读可以提升学生理解科普文章的能力，同时学生又可以通过对文本的深入分析了解科学家的品格和精神境界。研发青蒿素的背景和过程用英语呈现出来是对学生阅读理解能力的挑战，他们需要透彻理解关键信息才能形成对语篇有价值的领会。所以笔者在教学中将文本的解读分成四个主要部分，并且强化关键句子的理解（见表1）

表1 精读文本(《医学先锋》)内容一览表

关键内容和思政要点	关键句(Key sentences)	中文翻译	语法知识点
1.屠呦呦研制抗疟疾药物的背景；不断尝试的坚持；依托传统医学的自信	In 1969 Tu Youyou was chosen to establish a team to find a cure for malaria, a disease that killed millions of people every year. Across the world, scientists had been trying to find a cure. They tested more than 240,000 chemicals with no success. Tu youyou had an idea that Chinese herbs might hold the secret.	1969年屠呦呦受命组织团队来研制治疗疟疾的药物，疟疾在当时每年会夺去上百万人的生命。全世界的科学家一直在试图找出治疗药物，试验了超过24万种药物却没有成功。屠呦呦想到中草药可能藏着破解难题的密钥。	定语从句；过去完成进行时态；同位语从句
2.屠呦呦研究团队面对的困难；直面问题的勇气	It was not easy task. The reason why this was difficult was that the team had limited resources. They did not have enough staff and the laboratory in which they work had poor air quality.	研究工作很不容易，因为当时团队的资源有限，没有足够的工作人员，工作的实验室条件简陋。	表语从句；介词前置的定语从句
3.研究成果；科学家的献身精神、团队精神	However, after hundreds of failed experiment, they eventually came across a promising chemical. It worked well in experiment on animals, but they had to know if it was safe for humans. Tu Youyou bravely volunteer to be the first human subject when they were ready to start testing. And the rest of the team followed her. The test was a success. The medicine they discovered, artemisinin, has become the world's most effective drugs for fighting malaria.	然而，经过成百上千次的实验，他们终于找到了一种有效的成分。在动物实验中效果良好，但是必须验证对人类是否安全。测试开始时，屠呦呦志愿作为第一个人体实验者，团队其他人也都效仿她。实验很成功，他们所发现的药物青蒿素成为世界上治疗疟疾最有效的药。	短语come across work well；状语从句；可以省去关联词的定语从句

关键内容和思政要点	关键句（Key sentences）	中文翻译	语法知识点
4.屠呦呦对中西医结合的展望；文化自信、宽广胸怀、国际视野	According to Tu youyou, "From our research experience in discovering artemisinin, we learned the wisdom behind both Chinese and western medicine. There is great potential for future advances if these two kinds of wisdom can be fully integrated."	屠呦呦在获奖致辞中说："根据我们在发现青蒿素中的经验，我们了解到中西医两方面的智慧。如果这二者蕴藏的智慧能够充分地结合，那么未来医学的进步潜力是巨大的。"	There be 句型

通过这样的精读理解过程，屠呦呦的品格和精神境界一目了然，这既是英语知识的学习，也是思政教育的过程，教学与育人就这样自然地在英语课堂上生发，这样的教育才是更加全面的。

三、中外文化比较：在文化碰撞中融入思政教学

（一）充分挖掘现有教材中文化比较的内容

高中英语教材中不同主题下的内容都会涉及中外相关话题，比如必修三第七单元的主题是"艺术"，内容包括西方油画、中国京剧、德国古典音乐作曲家贝多芬等，有一篇 "East meets west"（《东方遇见西方》）的阅读篇目设置在

补充阅读（"Reading Club 1"）栏目中，内容是关于张大千和毕加索两位绘画大师的生平和二人美好的交往。这样的内容对学生来说是一次了解东西方艺术理念和差异的好机会，所以补充阅读可以转变成课堂必读。通过老师引导下的阅读，学生们可以看到，两位绘画大师虽然一个出生于中国，一个出生于西班牙，却有着惊人的相似之处：二人都出生于艺术氛围浓厚的家庭，都很有天赋，从小师从家人学习绘画，作品特别丰富而且风格多样。两位绘画大师曾于1956年在法国尼斯会面，彼此欣赏，互相交换作品，后来还互通信件。通过学习这篇短文，学生一方面可以看到虽然民族、肤色不同，但是人的际遇和成长可以如此相似；另一方面，两人的艺术风格大相径庭，反映出东西方文明所孕育的不同美学视角。在教师的引导下，学生从中可以领悟社会学家费孝通所说的"各美其美，美人之美，美美与共，天下大同"的道理。这也是艺术院校的学生应该具备的一种美学理念。

（二）巧妙结合专业学习培养学生文化自信

随着中外交流的不断扩大和加深，作为舞蹈专业的学生也有更多机会参与到东西文化结合的舞蹈作品的学习中，如果在英语课堂上，能够结合语言学习来提升学生对作品的认识，增强文化自信，应该是一种有益的尝试。比如在英语课堂上，让国标舞专业高年级学生尝试用英语来介绍参与排练的作品《丝路·行》（"Silk Road Journey"）。这个作品用拉丁舞蹈语汇来表现东方丝绸之路的繁荣景象。在老师的指导下，参与演出的学生在英语课堂上结合图片、视频展示了丝绸之路的历史意义、舞蹈作品的编导意图和参与排练的体会感受。通过用英语介绍自己所表演的舞蹈作品，学生们加深了对作品内涵的理解，也增强了用英语讲好中国故事的信心。

四、结语

2018年全国教育工作会议强调：要培养德智体美劳全面发展的社会主义建设者和接班人。而这样宏观性的教育目标也呈现于北师大版高中英语选择性必修二的教育主题单元里："We should build an education system which comprehensively fosters the students' all-round moral, intellectual, physical and aesthetic grounding with a hard-working spirit。"从古至今，从西方到东方，教育的本质一直是育人，所以在教好书的同时育好人应该是每一位教师不断努力追求的目标。

浅谈英语教材与思政教育的结合

蔡春梅

一、引言

高中英语教育是培养学生提升自己的英语语言能力和国际视野的重要阶段。然而现代的英语教育不应仅关注如何培养语言技能，也应该包括思想政治教育。习近平总书记指出，坚持不忘初心、继续前进，就要坚持中国特色社会主义道路自信、理论自信、制度自信、文化自信①。英语课堂也是思想政治课堂的一部分，因此可以利用高中英语教材，向学生传递文化自信，培养他们的爱国主义情感、民族自信等，使他们成为有理想、敢担当、能吃苦、肯吃苦的新时代好青年。

北舞附中属于中职学校，但学生最终也需参加北京市高考，因此公共基础课教材统一使用普通中等统编教材，有鉴于此，本文将以北师大版高一英语必修二教材为例，

---

① 习近平：《在庆祝中国共产党成立 95 周年大会上的讲话》，人民出版社 2016 年版，第 12 页。

探讨如何利用教材中的材料与思政教学结合。

二、中职英语课思政教学的必要性

《新时代爱国主义教育实施纲要》指出，新时代爱国主义教育要面向全体人民、聚焦青少年，充分发挥课堂教学的主渠道作用。培养社会主义建设者和接班人，首先要培养学生的爱国情怀。要把青少年作为爱国主义教育的重中之重，将爱国主义精神贯穿于学校教育全过程，推动爱国主义教育进课堂、进教材、进头脑。北舞附中以培养舞蹈艺术生为主，学生通过肢体展现舞蹈语汇、舞蹈文化的同时，更应增强文化内涵和文化自信，因此英语课堂应该成为给中职艺术生传递文化自信的重要途径之一。

《普通高中英语课程标准》（2017年版2020年修订版）明确指出，英语语言能力的提高蕴含文化意识、思维品质和学习能力的提升，有助于学生拓展国际视野和思维方式，开展跨文化交流。这些要求说明英语课堂不仅要培养学生的语言技能，也要关注对学生的思想素质和价值观念的塑造。因此，在中职高中英语教学中，教师应该把思想政治教育与语言技能教育有机结合，使中职艺术生在学习英语的过程中，不仅掌握语言技能，还能拥有健康的思想素质和正确的价值观念。

此外，我国有着悠久的文化历史底蕴和优良的文化传统，如何让青年一代学习并传承这种文化，不仅是舞蹈专业老师的任务，也是我们每位文化课教师的基本职责。习近平总书记多次谈到传承爱国主义教育的必要性，指出"爱国主义是我们民族精神的核心，是中华民族团结奋斗、自强不息的精神纽带"①。这意味着在英语教学中，除了语言技能外，思想政治教育也应该成为不可或缺的部分。

三、高中英语教材与思政教育的结合

高中英语教材与思政教育的结合是当前高中教育教学改革的重要内容之一。笔者以北师大版高中英语必修二教材为例，分别从听力和课文教学两个方面展开，探讨如何将思政教育融入高中英语教材的学习中，以提高中职艺术生的综合素养和思想品德。

（一）听力教学与思政教育的结合

听力教学对北京新高考听说考试来说是高一英语教学

---

① 习近平：《在纪念五四运动 100 周年大会上的讲话》，人民出版社 2019 年版，第 3 页。

中的最重要的内容之一，也是高中所有教材中的重要组成部分，占有显著的篇幅和教学课时。因此，借助这些听力资源帮助学生有效提高英语听力水平的同时，在听力练习中加入思政元素是十分必要的。教师可以利用高中英语教材中的相关主题，如环保、人权、公益慈善等主题的听力材料，引导学生关注社会问题，增强学生的社会责任感和公民意识等。

例如，北师大版高中英语必修二教材中，第五单元第二课通过听力训练，使学生了解中国的职业救援团队。文中以中国救援队领队的视角讲述2015年尼泊尔大地震中，中国救援团队不畏艰险、冒着生命危险展开国际救援的故事。借助本课听力材料，学生不仅可以学习到常用的救援词组、句型等表达方式，教师还可以借助国内、国际最新发生的救援事件，延伸英文听力资料，扩展英文阅读，使学生更多地了解中国救援团队在国际舞台上发挥的重要作用，只要世界需要我们，我们的救援团队就会第一时间到达。例如，2023年2月初，中国派出的蓝天救援队、中国消防救援队等，在极其艰难的条件下，在超过48小时黄金救援时间后仍坚持救援，最终在第69小时、第100小时、第155小时仍救出生还者。学生通过阅读教师补充的这些英文听力材料，可以进一步提高听力能力、拓展词汇，同时也能深切地感受到中国救援人员的英勇行为和坚强的意志，为中国的救援队员感到骄傲。这样，英语课堂不仅给学生增加了听力训练的机会，也恰当的融入了爱国主义、道德养成教育。

（二）课文扩展练习与思政教育的结合

课文扩展练习是英语教学中重要的一环。将扩展练习与思政教育相结合，不仅可以帮助学生更好地理解和运用英语知识，还可以提高学生的道德修养和思想觉悟。教师紧扣课文主题，设计扩展练习。学生在具体的学习情景下，通过运用课文中所学的阅读技巧、写作句型或主题词汇完成练习。课文扩展练习除和课文话题相关外，还要有利于学生了解和宣传中国的传统文化。

例如，北师大版高中英语必修三教材中，第七单元的第一课介绍了西方三位伟大的画家，梵高、蒙克、马格丽特。课文分别介绍了每位画家的一副代表作品，并详细介绍了这个代表作的绘画年份、代表作展现的内容以及画家的创作灵感等。

教师可以根据课文中的主题，为学生设计一个介绍中国伟大画家的写作任务。为了帮助学生更好地完成这个任务，笔者搜索了介绍画家齐白石的英文文章。课堂上和学生一起阅读有关齐白石的代表作《虾》的创作年份、图画内容以及其他画家对这幅作品的评价。然后请学生每两人合作完成对齐白石作品《虾》的英文介绍，其中一位擅长绘画的同学负责仿照原作画虾，另一位同学负责根据课文中介绍西方代表作的表达结构，用英文进行介绍。

通过课文扩展练习，学生不仅在真实的语境下运用了所学的课文内容，而且还能更多地了解中国的伟大画家，从而进一步体验中国传统文化的魅力，增强民族自豪感。教师通过设计和布置课文扩展练习，把思政教学与高中英语课文进行了有机的结合。

四、结语

在本文中，笔者探讨了高中英语教材与思政教育的关系，并以北师大版英语教材为例，探讨了如何通过听力和课文教学，把英语课堂与思政教育相结合。现行教材已经将诸多思政要素融入了其中，正所谓用英语来"讲好中国故事"，关键看教师怎样挖掘和引导。只要教师有意识，就可以利用英语课堂很好地实现英语教材和思政教育的融合，帮助学生更好地理解和感受英语学习中的文化内涵、塑造自己的价值观念，从而有利于学生全面发展。正如习近平总书记指出的，青少年阶段是人生的"拔节孕穗期"，这一时期心智逐渐健全，思维进入最活跃状态，最需要精心引导和栽培[①]。北舞附中学生从初一年级入校直到高考毕业，这段时间正是最好的培育思想意识和道德品质时期，因此，将英语教学和思政教育相结合，可以更好地促进学生的综合素质和思想道德教育的发展，这应该是当下英语教师授课的主方向。

[①] 习近平：《思想政治课是落实立德树人根本任务的关键课程》，《求是》2020 年第 17 期。

让"英语号"巨轮承载着思政教育的力量，扬帆远航

张丽华

一、引言

在当前教育改革的背景下，课程思政已经成为教育领域的热门话题。英语课程作为核心课程之一，不仅是提高学生英语水平的重要手段，也是培养学生思想政治素质的重要途径。随着高等教育的不断发展，英语教育不再是单纯的语言教学，而是需要教师将思想政治教育与英语教学紧密结合起来，通过课程思政提高学生的综合素养。

本文旨在探讨英语课程思政的实践策略、效果评估和发展趋势，为英语教师提供指导和借鉴。首先，阐述英语课程思政的理论基础和意义，指出英语教师如何在教学中渗透思想政治教育的内容和方法。其次，介绍英语课程思政的教学模式和实践策略，探讨如何评估学生的思想政治素质和英语水平。最后，分析英语课程思政教育的难点和

挑战，并提出应对的对策和方法。本文的研究成果将为英语教师的课程思政提供新的思路和方法，促进英语教育的进一步发展。

二、英语课程思政教育的理论基础和意义

英语课程思政教育的理论基础主要包括思想政治教育和英语教育两个方面。

思想政治教育是指在教育过程中对学生进行思想上的引导和教育，培养学生正确的世界观、人生观和价值观。思想政治教育的目的是帮助学生树立正确的思想观念，厚植爱国主义情怀和树立社会主义核心价值观，培养良好的道德品质和公民意识。英语教育作为一种教育形式，也需要将思想政治教育的内容融入其中，使学生不仅学会语言知识，也能够更好地理解和认同中国特色社会主义。从北师大版必修一第一单元Life choices关于乡村支教的职业选择到第三单元Celebrations中有关中国传统节日的介绍，再到必修三中的第八单元Green living中所体现的人和自然和谐相处，无处不在体现思政教育。

英语教育是指在教育过程中，通过课程设计、教学方法和评价方式等手段，帮助学生掌握英语语言知识和技能。

英语教育的目的是提高学生的英语水平，使其具备与国际社会交流的能力和自信心。随着国际交流和合作的不断深入，英语教育已经成为各阶段教育的重要组成部分。在英语课本中，从英语基础知识到背景介绍，让学生体会到了英语语言的原汁原味。

英语教育和思想政治教育的结合，既有助于培养学生的国际化思维和交际能力，又能帮助学生建立正确的人生观和价值观，从而提高学生的社会责任感和使命感。

三、英语课程思政教育的教学模式与实践策略

（一）注重课程设计

英语课程思政的实践需要在课程设计中融入思想政治教育，通过设计具有思想性、实用性和趣味性的课程内容和教学方法，引导学生主动思考和探究，培养学生的创新精神和批判思维。英语新教材中，最突出的特点就是把每个单元每一课都进行任务设计，细化分类，以学生为中心，将教学落到实处。以第一单元Life choices第一课为例，课文设计分成了引入话题、细节阅读、讨论等环节，这样的设计能够引导学生积极思考，表达自己的观点，从而引发

他们深思如何健康生活。

（二）强化教师引领

英语课程思政的实践需要依靠教师的引领和示范。教师需要在教学过程中积极引导学生思考，鼓励学生关注国家发展、社会进步和人民福祉等问题。同时，教师在教学中还要关注学生的心理健康和全面发展，了解学生的情感体验和社会实践情况。

（三）借助多种教学手段

英语课程思政的实践需要借助多种教学手段，如情境教学、角色扮演、小组讨论、案例分析等，培养学生的团队精神和协作能力，引导学生积极思考和发现问题，提高学生的综合素质。

（四）实现教学评估的意义

英语课程思政的实践需要实现教学评估。教学评估可以通过考试、作业、小组任务甚至论文等方式，评价学生的语言水平和思想政治素质的提高情况。同时，教学评估也需要注重对学生的个性发展和综合素质的评价，以促进学生全面发展和自我提高。

英语课程思政的实践需要在课程设计、教师引领、多种教学手段和教学评估等方面进行探索和实践，不断提高教学质量和学生综合素质。

（五）英语课程思政的效果评估

1.英语语言水平评估

评估英语语言水平的提高需要从听、说、读、写、译五个方面进行。评估方法可以采用考试、作业、口语交际活动、听力、阅读等多种方式。通过考试和作业的形式，可以考查学生的英语语言能力。针对听、说、读、写、译五个方面，可以设置不同的考试题型，如填空、选择、问答、翻译、写作等，全面地评估学生的英语语言水平。通过进行口语交际活动，可以考查学生的口语表达能力、交际能力和语音语调的正确性。通过听力和阅读练习，可以考查学生的听力和阅读理解能力。

2.思想政治素质评估

评估思想政治素质的提高需要从思想政治观念、社会责任感、创新能力、综合素质等方面进行。评估方法可以采用问卷调查、小组讨论、个人陈述、课程设计、作品展示等方式。通过问卷调查，可以了解学生在英语课程思政教育中的受益情况。问卷调查包括开放式问题和封闭式问题，以收集学生的反馈和建议，更好地改进课程设计。通过小组讨论和个人陈述，可以考查学生的社会责任感和创新能力。小组讨论可以让学生针对特定的话题进行讨论和交流，通过表达和接受不同的观点，增强学生的思辨和批判能力。个人陈述可以让学生向他人介绍自己的成果和思考，锻炼学生的口头表达能力和自信心。通过课程设计和作品展示，可以考查学生的综合素质。课程设计可以要求学生结合自己的思考和创意，设计一个关于自身专业的英语课程。作品展示可以让学生向他人展示自己的成果和想法，增强学生的创造力和展示能力。

总之，英语课程思政效果评估的意义非常重大，它不仅有助于提高教育质量，推广优秀经验，还能够促进学生的思想政治素质的提高，为学生的全面发展奠定坚实的基础。

四、英语课程思政教育的难点和对策

英语课程思政教育是一项复杂而综合的工作，其中存在一些难点和挑战，需要英语教师用心思考。

（一）教学内容的选择和设计难点

英语课程思政教育的一个难点是如何选择和设计合适

的教学内容。在教学内容的选择和设计上，需要遵循一定的原则和方法，如针对学生的年龄、背景和语言能力选择适当的教学内容；结合当下社会的热点话题和事件，设计有针对性的教学内容，以激发学生的学习兴趣和思考。

教师可以结合教学大纲和教材，针对学生的需求和实际情况，选择和设计有针对性的教学内容。我们可以根据实际教学需要，以课本中的教学内容为基础，进行大胆删减，针对教学内容进行分层设计，同时可以选取与单元话题相关的课外内容进行补充，丰富课堂教学内容，提高学生学习兴趣，以满足不同层次学生的学习需求。

（二）教学方法的选择难点和对策

英语课程思政教育的另一个难点是如何选择和运用有效的教学方法和手段。传统的教学方法和手段可能无法满足学生的需求，需要创新教学方法和手段，以提高教学效果。

教师可以采用多元化的教学方法和手段，如小组讨论、案例分析、项目设计、课堂演讲等，激发学生的思考和创新能力。同时，可以利用现代教育技术和资源，如网络、多媒体、在线课程等，丰富教学手段，提高教学效果。

（三）评价体系建立与实施的难点和对策

英语课程思政教育的第三个难点是如何建立和实施有效的评价体系。评价体系需要综合考虑学生的英语语言水平和思想政治素质，既要考查学生的知识掌握程度，又要考查学生的思考能力和社会责任感。

教师可以制定科学、公正、合理的评价标准和方法，建立起全面、多元化的评价体系，包括考试、作业、口语表达、小组讨论、个人陈述、课程设计、作品展示等多种形式的评价方式。同时，教师还应充分倾听学生的反馈和建议，及时调整和改进评价体系，以达到更好的效果。

五、结语

英语课程思政教育是一项十分重要的工作，它不仅可以帮助学生提高英语语言能力，还可以培养学生的思维能力和社会责任感，从而更好地适应社会发展的需要。通过对英语课程思政教育的理论基础、实践策略、效果评估以及难点和对策的分析，我们可以发现，英语课程思政教育需要教师在教学中注重培养学生的思考能力、创新能力和社会责任感，同时需要采用多元化的教学方法和手段，建

立全面、多元化的评价体系，以达到更好的教学效果。在
未来的教学工作中，我们应该继续探索和创新教学方法和
手段，不断提高英语课程思政教育的实效性和实践性，以
更好地服务于学生的成长和发展。

从文化自信到课堂思政

——传统文化在北舞附中英语教学中的呈现

黄定明

一、引言

党的十八大以来，习近平总书记在多个场合谈到中国传统文化，表达了其对传统文化和传统思想价值体系的认同与尊崇。他指出，我们要坚持道路自信、理论自信、制度自信，最根本的还有一个文化自信。

何谓文化自信？文化自信是一个国家、一个民族对自身文化价值的充分肯定和积极践行，并对其文化的生命力持有的坚定信心。培养学生文化自信的基础就是要让学生对中国的传统文化有更广泛更深刻的认识和理解。

中华优秀传统文化是中华民族历史的传承，集精神文化等于一体，是我国最宝贵的瑰宝之一，对于我国青少年的发展有着极其重要的引导作用，学生应树立正确的世界观、人生观和价值观。因此，在中学阶段，将传统文化融入英语教学，是传统文化发扬与传承的重要手段。互联网时代，中学生很容易受到西方文化的吸引，这就导致许多中学生对中国传统文化并不了解，所以将中华优秀传统文化与中学英语教学融合有其重要性，有利于帮助学生抵制外来文化的消极影响，培养学生的民族意识。

中华优秀传统文化博大精深，成就辉煌。爱国主义的实质就是一个民族的自尊、自信、自爱，其思想基础就是中华优秀传统文化，它是经过数千年积淀的高尚道德、社会风尚和民族精神的集中体现，代表着中华民族整体的道德、智慧和精神风貌。传统文化作为一个民族群体意识的载体，是培养民族心理、民族个性、民族精神的摇篮，更是民族凝聚力的重要基石。

二、英语教学中的思政素材挖掘

作为教师，我们不仅应该教会学生相关的专业知识，还要培养学生在实践中应用的能力，让他们认识到自己所学的知识与社会、与世界的关联，从而帮助他们更全面地认识社会、了解社会、服务社会，成为对社会有用的人。

课程思政的实施不是简单增设一门课或者添加一部分教学内容、教学活动，而是在已有课程中改革教学内容，重构教学目标，优化教材结构。在北舞附中的英语教学中，我们努力结合学生的年龄特点和专业特色，把中国传统文化知识融入英语教学，践行"润物细无声"的课程思政理念。比如，听力教学要凸显中西社会背景差异，词汇语法教学要注重中英文化对比，阅读教学要加强正面价值取向引导，翻译写作教学要强化民族意识熏陶，使英语课程具有传授知识、培养能力及思想政治教育的双重功能。

中学英语课堂中的思政内容非常丰富，需要教师有效挖掘教学材料中的思政元素，进行拓展引导。语言不仅是信息的传递工具，也是文化的载体。中学英语教材中的思政素材很多，只要老师认真地研读并梳理各册教材中的传统文化元素，在备课时精心设计教学环节，就能在课堂教学中引入很多思政话题，在英语课堂中不断传播中华优秀传统文化。

下面以具体的教材为例进行说明。

（一）北京师范大学新编高中英语教材（2019年版）

北京师范大学新编的高中英语教材以中国学生发展核心素养为出发点，力求引导教师通过优化英语学科课程内容和教学方式，精选教科书主题语境和语篇内容，关注背后的价值导向，发展跨文化意识，建构人类命运共同体意识，树立文化自信和正确的世界观、人生观和价值观，促进学生逻辑思维、批判思维和创新思维的发展，培养体现责任担当和实践创新能力的社会责任感，为学生学会做人做事作出学科贡献。必修第一册的语言主题有：生活方式与压力缓解，运动与健康，中西传统节日；必修第二册的语言主题有：科技与人类，改变历史的人物，人类与自然；必修第三册的语言主题有：艺术，绿色生活，终生学习；选择性必修第一册的语言主题有：人际关系，成功的标准；选择性必修第二册的语言主题有：幽默，教育和媒体。这套教材本身包含的主题内容非常丰富，最有效也最可操作的课堂思政策略就是挖掘教材本身的材料，在原有课文的主题基础上进行思政拓展。

比如：在学习中西传统节日为主题的单元时，给学生播放一些讲述中国传统节日故事（年的传说和嫦娥的故事）的英文小视频，训练学生用英文讲述中国传统节日的故事，或者让学生给小视频配音；把中国的农历新年和西方的圣诞节进行比较，让学生了解这两个节日各自的文化背景是什么，进行中西文化对比。在学习职业、人物与人生选择的主题单元时，提前准备一些关于职业介绍的课外读物，再介绍各个领域拥有杰出贡献的人，引导学生树立远大志向；在学习教育这个主题的单元中，介绍孔子及儒家对中国文化的影响。

再以北师大版的高中英语必修第三册为例，第一单元第一课的主题是美术，在学习英语的同时引导学生欣赏了梵高的《星月夜》、蒙克的《呐喊》、马格利特的《光之帝国》等外国画作，也带学生们欣赏了徐悲鸿的《奔马图》、齐白石的《虾》等中国的国画，要求学生用英语描述出画作的画面细节。授课中老师可以引导学生感受不同地域文化在美术领域的差异，着重感受中国画内敛含蓄的特征，从而提升学生的审美。第二课的主题是京剧，大多数同学对京剧并不了解，教师从京剧的角色开始介绍，并用英文解释各个角色的特点，让学生欣赏了一些经典京剧的视频片段。在对京剧简单了解的基础上开始拓展，让学生回忆自己家乡有名的戏剧，并用英文进行简单的介绍。这样在学习英语的同时，引导学生们对各种地方戏剧有了初步的了解。

这套高中英语教材每个单元的引入课都设有一个中外"名人名言"板块，其中不乏许多中国古诗句，教师带领学生学习英语的同时，引入诗人的相关介绍，对学生的传统文化学习起到辅助作用。

（二）人民教育出版社初中英语go for it 教材

当下英语教材中的传统文化内容非常丰富，从传统节日到特色美食，从中国神话传说到标志性景观建筑，从礼仪文化到城市面貌，不一而足，覆盖面极广（见表1）。只要我们善加提炼，在英语的学习中，同样可以对学生进行很好的中华优秀传统文化的熏陶与浸润。

表1 初中英语课程内容与思政元素对应表

教材	单元	体现中华传统文化的内容	展示形式
七年级上册	starter unit 2	中国地图	图片
	unit 2	中国老照片	图片
	unit 2	中国家庭亲戚成员之间的称谓	文字解释
	unit 5	乒乓球	图片、单词
	unit 8	日历	单词、图片
	unit 8	中国节假日日期	单词、句子
七年级下册	unit 3	中国偏远地区孩子用绳索过河上学	文段阅读、图片
	unit 5	熊猫及其他动物	单词、图片
	unit 6	赛龙舟、吃粽子	文段阅读、图片
	unit 7	中国城市：北京、上海	图片
	unit 7	冬天的哈尔滨	文段阅读
	unit 8	中国象棋	单词
	unit 9	旗袍	图片
	unit 10	中国传统食物：面条、饺子、粥	单词、图片
	unit 10	宫保鸡丁、麻婆豆腐	单词、对话
	unit 10	中国生日美食	文段阅读
八年级上册	unit 1	中国城市：贵州	对话
	unit 1	天安门、故宫、北京胡同	图片、单词
	unit 1	泰山	文段阅读
	unit 4	中国达人	文段阅读
	unit 4	中国城市：青岛	英语描写
	unit 5	春晚	图片

续表

教材	单元	体现中华传统文化的内容	展示形式
八年级上册	unit 5	花木兰	文段阅读、图片
	unit 7	中国城市：上海	图片
	unit 8	饺子、月饼、粽子、汤圆	图片
	unit 8	云南米线	文段阅读、图片
八年级下册	unit 4	中国学生	文段阅读
	unit 6	愚公移山、西游记、后羿射日、女娲补天	听力、图片、对话、文段阅读
	unit 7	珠穆朗玛峰	听力、文段阅读
	unit 7	长江、黄河、长城	单词、听力
	unit 7	熊猫	图片、英语描写
	unit 7	明长城	课后注释
	unit 9	长城、故宫、兵马俑，鸟巢	单词、图片
	unit 10	家乡情结	文段阅读
九年级全一册	unit 2	元宵节、春节、端午节、粽子	单词、图片、听力
	Unit2	云南泼水节	对话
	unit 2	中秋节	文段阅读、图片
	unit 5	中国茶	对话
	unit 5	中国制造	文段阅读
	unit 5	风筝	图片、听力
	unit 5	中国传统工艺：孔明灯、剪纸、陶艺	文段阅读、图片
	unit 5	茶的起源、《茶经》	文段阅读、图片
	unit 6	篮球、中国运动员	文段阅读、图片
	unit 9	功夫熊猫	文段阅读
	unit 9	二胡、《二泉映月》	文段阅读、图片
	unit 10	筷子、餐桌礼仪	图片、听力、写作
	unit 14	毕业、感恩	文段阅读、图片

三、课外的思政素材运用

在寒暑假和平时的课外阅读中，除了推荐学生读一些经典的原版作品，也推荐学生读一些关于中国故事的英文版著作，如《花木兰》《梁祝》《论语》，这种用另一个语言来表达母语文化的尝试非常有趣。教材里有关于中国传统节日春节（The Spring Festival）、元宵节（Lantern Festival）、端午节（Dragon Boat Festival）和中秋节（Mid-autumn Festival）的介绍，我们在课程设计上就会让学生模仿课文用英语介绍中国更多的传统节日。每年寒暑假，英语学科都会鼓励学生利用假期完成一些与实事相关的英语视频和海报的作业，如冬奥会、防疫知识等，这些其实都是开展思政教育的有效方式。

四、结语

关于教材的思政元素挖掘，需要教师本身有不断学习和不怕学习的精神，在备课时针对教材主题涉及的各种传统文化知识提前查考资料、阅读相关书籍，形成自己的有效认知，才有可能在课堂互动中灵活而不是呆板的、生动而不是机械地传递给学生。我国是文化古国，文化源远流长。作为教育工作者，传承与发扬中国文化是我们的职责。当课堂涉及英美文化历史的时候，老师也要不断加深学生对中国历史和传统文化的学习，让学生更透彻地了解祖国的传统文化和历史，才能自然地生发爱国之心。

有比较才会有鉴别。文化教学不是强硬地让学生接受认同传统文化，而是要怀着海纳百川的气度，将中华优秀传统文化和其他国家的文化放在一个多元、发展的格局中，进行对比、辨析，让学生见识中华文明的成就，学会用开放的心态和高瞻的眼光看待传统文化和外来文化，从中汲取文化智慧，并坚决捍卫中国文化。

课堂思政对教师提出了更高的要求——我们不但要熟悉本学科的知识，培养学生的英语学科素养，更要多阅读与中华民族文化相关的书籍，了解中华传统文化的相关知识。唯有教师本身的文化素养提高和文化知识面拓宽，才能更好地在教学中开展课堂思政。

中职数学融入思政元素的实践研究

段 慧

一、引言

2016年，习近平总书记在全国高校思想政治工作会议上强调，要用好课堂教学这个主渠道……使各类课程与思想政治理论课同向同行，形成协同效应。2019年，习近平总书记主持了学校思想政治理论课程教师研讨会，强调青少年阶段最需要认真的指导和培养。2020年，教育部突出课程思想政治建设的要求，提出牢牢把握教师力量、课程建设的战场、课堂教学的主要渠道，使各类课程与思想政治课程结合起来。

数学课程作为一门理科学科，同样具有科学和人文精神，可以成为思政教育的重要载体，承担起培养人美好品德的责任。数学的抽象性导致学生害怕学习数学，但事实上，数学的逻辑性强，通常包含丰富的哲学道理，如果可以结合学生的经验和生活，将这些思想润物无声地融入课堂，学生不仅可以更好地理解这节课的内容，也可以激发学生学习的兴趣，使课堂更具感染力。因此，将思政教育融入数学教学是非常必要和可行的。

二、把握数学课堂，筑牢育人阵地

中职数学课程有多种形式，在融入思想政治教育时，应当遵循教育原则，不能把所有课程都纳入思想政治教育，而是要在适当的地方和时间进行渗透。另外，在整合思政元素时，不能本末倒置，数学知识的学习始终是整节课的重点，数学课不能变成思想政治课。结合课程内容，从课程标准中寻找思政元素和数学知识的交汇点，根据教材分析和学情分析，提出主题教学目标，并给出思政教育的目标，教学过程与现有的目标相结合，以实现在主课堂上传道受业、培育人才的目的。

本文将以现行人教版教学教材为研究对象，以人文情怀、爱国情怀和辩证唯物主义思想这三方面作为中学数学课程思政的切入点，并通过具体案例进行详细分析，体现笔者对于真正实现数学课程思政有效实施的思考。

（一）融入人文情怀

数学教学不仅是教授学生简单的理论知识，培养解决问题的能力，同样也是对文化的传承。教师可以分享数学家在探索真理的道路上不懈努力的故事，在数学中追求真、善、美的核心思想，鼓励学生主动学习，积极合作、大胆质疑等。数学有着深厚的文化背景，数学文化涉及数学之美、人文教育，引领着数学的发展，在数学教学中展示数学文化，引导学生欣赏数学之美，就是最好的思政教育。

比如，学习黄金比例，通过理解并掌握黄金分割，学会黄金分割的画法，引领学生体验数字与形状相结合的思想；通过摄影、雕塑艺术等生活实例，学生可以领略黄金分割的文化价值——"数学奇点"和"数学美"，从而增强审美意识。如此实现数学知识与人文内涵的融合，提升数学素养、人文素养和科学素养。

具体来说，我们可以以这样的情境来导入这个知识点的学习：今天，我们一起学习"阅读与思考：黄金分割数"这节课。先来看看芭蕾舞演员、京剧演员的几张图片，大家是不是可以感受到这些图片上的内容既有美感，又有和谐感。你知道其中的秘密吗？——它们都与神秘数字有关。再看这些图片（展示不同的雷锋雕像图片），雷锋是共产主义战士、最美战士，他的奉献影响了一代又一代中国人，为了表达对他的尊敬与怀念，中国有很多雷锋像，你发现什么了吗？你知道这些雕像是藏着一个怎样的设计秘密吗？

这个导入，不但有英雄人物精神品质的反映，更是有审美层面的引领，也可以自然引出本课学习内容，实现思政与知识传授的同步作用。

课程中还可以由课件展示我国庄严肃穆的五星红旗，五颗正五角星中也隐含着黄金分割数的奥秘。通过国旗五角星的介绍，让学生了解到生活中经常可以看到黄金分割的应用，知道数学来源于生活、而后服务于生活，无形中深化对祖国的深爱之情。

除此之外，黄金分割比例0.618具有很高的美学价值，被广泛应用于各种艺术品中，如著名的画作《蒙娜丽莎》和古希腊著名建筑帕特农神庙，老师都可以恰当地将这些内容合理地放置于课堂之中，扩展数学课堂的外延。

本课程的设计正是以知识学习与思政教育为双维目标来展开的，允许学生探索和整合知识背后的人文因素。科学与艺术之间更深层次的联系是寻求真理与美，在数学课上，学生们不仅对知识和技能的获得感到惊讶，而且对数学知识所创造的奇迹感到震惊。笔者希望通过丰富的人文主义数学课堂，在数学和人文学科之间建立一座坚实的桥梁。

（二）融入爱国情怀

数学有着悠久的历史，可以追溯到几千年前。教师要充分利用数学家卓越、严谨的科学精神，通过分享中国数学家的成就，将民族情感融入数学教学，培养学生的民族自豪感，激发学生的爱国主义精神。

例如，通过介绍中国古代对于勾股定理的记录，可以传承中国传统文化，增强学生的民族自豪感。再比如，讲授圆周率时，通过拓展介绍我国数学家刘徽和祖冲之对于圆周率精确度作出的突出贡献，可以让学生感受榜样的力量，培养学生的爱国主义精神等。

还可以通过社会热点话题以及国家最新前沿成果创设问题情境，塑造家国情怀。下面以"解一元一次方程"一课为例展示。

【复习引入】（播放视频）2019年是我们新中国成立70周年，同学们还记得在10月1日天安门广场举行的盛大阅兵式吗？其中有一项是空中梯队的表演。那么你们知道吗？在1949年新中国成立的阅兵仪式上，只有17架飞机。当时周总理说"飞机不够，我们飞两次"，70年后的今天，168

架战斗机飞过天安门广场接受检阅。新时代的中国更加强大，我们的飞机不再需要反复飞行。这里我给同学们提一个数学问题：2019年国庆阅兵的飞机数量大约是70年前的多少倍？（保留整数，用一元一次方程求解）

一元一次方程可以有很多种引入方法，但是这个设计通过创设国庆阅兵的情境让学生感受国家的发展壮大，有助于激发爱国热情，增强民族自豪感，也是思政教育的体现。

学习之后，老师可以带领同学做进一步的探究。

探究一：近年来，故宫博物院创造了许多流行的文化产品。传统文化与创意营销的结合，为拥有600多年历史的紫禁城注入了新的活力。在一个购物网站上，出售紫禁城日历、文创笔记本和珐琅书签。如果紫禁城日历的月销量是珐琅书签的5倍，文创笔记本的销量是珐琅书签的2倍，三种销量共8000件，那么购物网站在一个月内能卖出多少个珐琅书签？

这个探究通过故宫的创意营销引起学生对中国传统文化的兴趣，提高其进一步学习新知识的积极性，也有助于提高学生的观察分析能力。

探究二：你知道中国自己设计和建造的第一条铁路吗？1909年，詹天佑设计修建了京张铁路，结束了中国人不能自己建铁路的历史。100多年后的今天，经过一百年的技术与经验的积累，我国的高铁技术早已领先世界。北京和张家口之间也迎来了一条全新的铁路——京张高铁，从北京到张家口的旅行时间缩短了2小时，平均时速为350千米，普通列车的平均速度为70千米每小时。你知道从北京到张家口的高速客运线路有多少千米吗？

这个探究则通过京张高铁的这种"中国速度"，体现了中国共产党的执政能力以及我们国家的综合实力，学生在数学问题的实践中增强获得感和幸福感。

（三）融入辩证唯物主义思想

中职数学包含了丰富的辩证思维。例如，在证明一个圆的面积公式时，首先将该圆沿着半径分成几个小扇区，然后将这些小扇形缝合在一起。即量的积累达到一定程度，所有小部门的面积之和就会发生质变，类似于长方形的面积，这充分体现了辩证法量变与质变的思想。再比如，数学概念中正数和负数、实数和虚数、常数和变量、整体和部分、支出和收入、曲线和直线，都反映了对立和统一的哲学观点。在这些知识的学习中可以很好地融入科学精神、思辨精神的思政教育。

这里以"指数函数性质与图像"为例展示。

【情境引入】在信息技术飞速发展的今天，音乐和数学的联系也非常密切。如大三角钢琴，大家有没有注意到在它的外部轮廓上有一个奇怪的"曲线"？研究中我们发现这条曲线非常接近于我们将要研究的指数图像。这样的设计仅仅是为了美观还是蕴含着什么科学依据呢？这节课我们就一起来揭开它的神秘面纱——指数函数的性质与图像。

所引入的问题情况来自于学科、专业和生活的现实，数学深入到了音乐的领域中，对音乐综合专业的学生提高数学学习的兴趣，提高学生的数学素养具有重要作用。然后，让学生在坐标系中绘画，而不是使用几何画板直接获取图像。为了给学生更多的信心，加深他们对图像的印象，从而为未来的绘画和解决问题奠定基础。在具体学习中使用数形结合的思维方法，体现了"从具体到抽象，从特殊到一般"的理念，培养了学生的抽象概括和归纳能力，以及语言的运用能力。

指数函数并不只是冰冷的数学符号，除了在生活中有实际的应用外，还能反映出人生哲理。例如，老师可以引导学生设想：如果你每天没有进步，一年以后，你还是原地踏步；如果你坚持每天多0.01的进步，那么就会有长足的进步；如果你坚持每天多0.02的进步，带来的变化则是上千倍的进步！而每天退步一点，再退步一点点，你将一无所有（见图1）!

$$\begin{cases} 1.01^{365}=37.8 \\ 0.99^{365}=0.03 \end{cases}$$

$$\begin{cases} 1.02^{365}=1377.4 \\ 0.98^{365}=0.0006 \end{cases}$$

图1　指数函数的运用

可见每天一点点的量变将会引发质变，形成两种完全不同的学习效果。水滴石穿，贵在坚持，其实我们很多时候缺少的不是努力的决心，而是持之以恒的毅力！以这样浅显易懂的数学式子揭示了学习规律，很好地诠释了学习态度与人生的价值取向，发挥了德育效果，培养了学生数学抽象、数学建模的创新能力和思维理念。

三、结语

作为一名教师，最重要的任务是教书育人，更应该把育人放在教学之前。教师对课程思政的理解是极其重要的，教师要改变认知，及时关注到本学科的思政元素，改变传统的教学思维，结合学生的特点，并采取相应的策略融入课堂。最后，数学教师要非常熟悉数学学科，了解数学的历史、文化和思想，仅仅有课程思政的意识只是表面功夫，只有深入了解数学的发展史、文化和思想等，在教学内容、教学方法和教师角色方面充分努力，在生活中寻找数学、挖掘其思政元素，才能达到预期的效果。

聚焦课程思政，探索地理课堂教学

张 娟

一、引言

随着当今时代的发展和社会的变革，教育已经不再是单纯地传授知识和训练技能，更是培育具有崇高思想品德和正确人生观、价值观的人才。课程思政教育的主旨是坚持育人为本、德育为先，把立德树人作为教育的根本任务，是指在专业知识的传授过程中，同时完成对学生的思想政治教育，坚持知识教育和价值观教育相统一的育人原则。

地理学是探究地理环境及人类各项活动与地理环境关系的学科。地理学所包含的知识具有很强的综合性，它兼有社会科学与自然科学的特性，其所涉及的广博的自然和人文知识，蕴含了丰富的思政教育资源。在教学中合理适度地引入思政素材，引领学生通过探索人地相互关系，认识到地球资源的有限性和不可替代性、生态环境的多样性和脆弱性，树立保护地球自然环境和构建人类和谐的人文环境的观念、激发热爱家乡和祖国的情怀，以及关注人类社会持续发展的国际视野。

聚焦地理课堂，地理教师应深入思考，探索课程、教学各环节的育人功能，将思政教育渗透教育教学全过程，形成知识传授与思政育人的认知与实践的统一，实现价值观培养、知识传授和能力提升的同向同行的格局。

二、积累思政素材，润物无声地融入理课堂教学

党的二十大报告中提到许多与地理知识相关的问题，如促进区域协调发展、推动绿色发展、促进人与自然和谐共生等。这些知识都与中学地理的教学内容紧密相连，是地理教师在教学中实践立德树人根本任务的重要思政素材。所以，地理教师应在平时教育教学过程中加强对思政理论知识的深入学习、积累思政案例素材，将正确的人地关系、爱国情怀、国际视野通过地理学科的综合思维传递给学生。将学习地理知识与领悟思政知识有机融合，通过课程承载思政，使学生在掌握地理专业知识的同时，也拥有积极向上并适应我们国家发展需要的价值观。地理教师要精心挑

选两者之间的契合点，不能生搬硬套，可在师生交流互动过程中抓住学生的关注点，结合教学内容，在润物无声中开展思政教育。

如电视剧《山海情》由真实生活改编，故事情节感人至极，引起中学生很大关注和热议。剧中包含了许多地理学科知识，同时也可发掘许多思政元素。地理教师可整理剧中涉及的地理知识，如自然环境的地域差异性、区域整体性和差异性及区域之间的关联性，人地协调与可持续发展，人口迁移，产业发展等，将思政元素融入知识点的教学中，使学生深刻了解我国在实现可持续发展的道路上，特别是在消除贫困上全党全民所做出的重大贡献，谱写了人类脱贫史上的辉煌篇章，为人类战胜贫困提供了宝贵经验，展现了中国智慧和中国精神。培养学生树立正确的人地关系、因地制宜发展的思想，使他们深刻地领悟到我国是一个国土面积辽阔、拥有复杂自然环境的国家，因此处理各地区间发展不均衡的矛盾与问题，对实现我国的可持续发展具有重要战略意义。通过这些思政元素的融入，可增强学生的大局意识和全局观念，加强对我国一些政策法规的了解和认同。

三、设计地理教学活动，把思政教育渗入学生的观念和行动中

实施课程思政教育应该是由内而外的启发，而不应是由外而内的注入。根据教学内容，挖掘思政素材，设计有意义有价值的活动，让学生亲自动手用脑参与，不但能够加深他们对地理知识本身的理解与掌握，还能让思政教育自然而然地融入他们的思想与行为之中。

如在"地球的运动"的教学中可结合教学知识，延伸开展探究"二十四节气"的活动。"二十四节气"是中国劳动人民历经千百年的探索实践总结出来的宝贵科学遗产，是反映我国中原地区天气气候和物候变化、掌握农事季节的工具。"二十四节气"在 2006 年 6 月入选了第一批国家级《非物质文化遗产名录》，并在 2016 年 11 月入选为联合国教科文组织《人类非物质文化遗产代表名录》。为了更好地认识和宣传"二十四节气"这一传统文化的精髓，可组织学生围绕"二十四节气"进行深入探究学习。首先通过相关书籍和网站了解和收集"二十四节气"的相关知识，梳理每个节气的由来，节气期间的物候和气候特征、农事活动、人们的饮食特点、传统活动以及人们的养生习俗等。其次

鼓励学生持续观察和记录每个节气的自然环境的变化及对人们日常生活和农业生产的影响。最后根据自己对"二十四节气"的观察和了解，创作出一幅图文并茂的简报来交流展示研究成果。这样的地理教学活动不仅使学生深刻认识到尊重自然、顺应自然规律的重要性，也由衷地认识到"二十四节气"是中华文明和中国人民智慧的集中体现，是中国劳动人民与自然和谐共处的完美演绎，是中国对整个人类的重大贡献，从而增强学生对祖国传统文化的认同感和民族自豪感。这样的教学活动，会对学生的个人行为和思想观念产生实实在在的影响。

四、结语

通过地理教学过程中课程思政的融入，选取具有时代精神和思想意义的案例和素材，使学生在地理课堂学习中产生情感的共鸣和思想的启迪，有助于提高学生学习的积极性、培养学生奋发向上的人生态度，增强社会责任感和历史使命感。地理教师应不忘初衷、牢记责任、勇担重任，用思政教育的情怀指导地理教学，以实现从知识传承、学科应用、个人理想、社会需要和家国情感五位一体的课程思政教育效果。